科学。奥妙无穷 ▶

U0606635

影响世界进程的
科学家

杨莹 编著

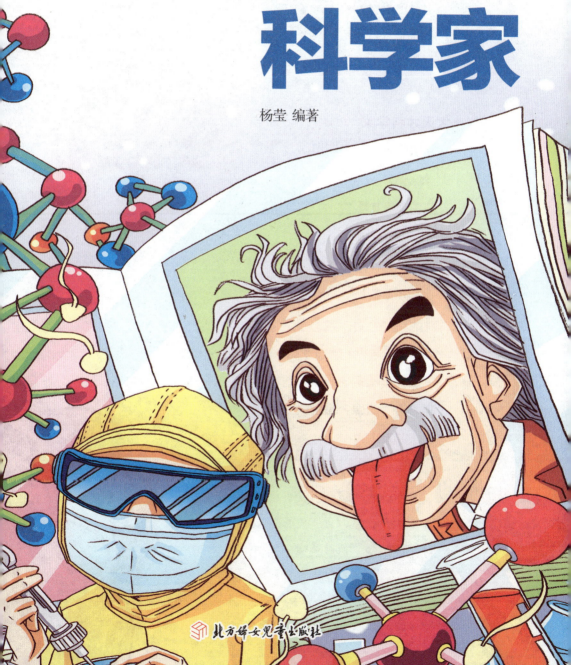

北方妇女儿童出版社

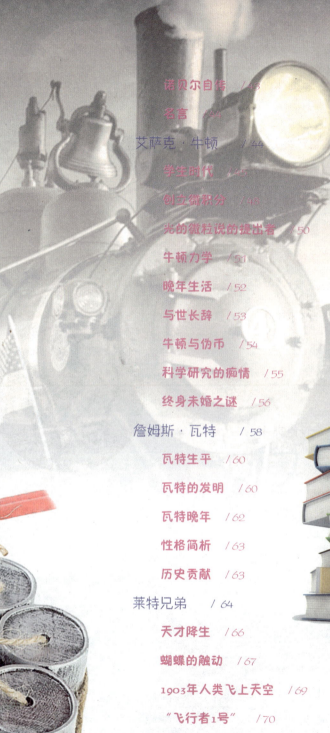

目 录

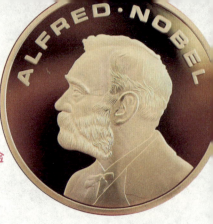

目 录

● 科学家的科学精神

科学家是指专门从事科学研究的人士，包括自然科学家和社会科学家两大类。所有自然科学和社会科学的研究人员，达到了一定的造诣，获得了有关部门和行业内的认可，均可以称之为科学家。按照这样的说法，无论是数学家、物理学家和化学家，还是哲学家、文学家和思想家，都应当属于科学家的分类。凡可以称之为科学家的都是一些实干的人，如：英国物理学家牛顿、波兰天文学家哥白尼、法籍物理学家居里夫人、美籍科学家爱因斯坦和中国的农学家袁隆平等。

科学精神 ＞

科学家们留给我们更多的是精神的财富。他们身上有真正科学家的精神。在这个物质文明发达，许多人都为名利奔波的时代，这种精神更值得我们尊敬。

科学家该有什么样的精神？科学，本身即是探索未知，发现真理，发展先进，改造世界，造福人类的学问，而成为科学家，献身科学事业的人所拥有的精神是：锲而不舍，勇于献身于科学，无私奉献却淡泊名利……

• 简单入手多元思考

选择简单对象开始研究，建立理想模型，尽量应用数学，完整地考虑各要素，建立理论，并通过修改和扩展，扩大应用范围。

这是笛卡尔提出的科学思想，所以把它称为笛卡尔精神。不仅在物理上牛顿的质点模型、克劳修斯的理想气体模型等取得了巨大的成功，在其他领域也一样，如生物界摩尔根幸运地选择了果蝇这个简单对象才揭开了遗传学研究的序幕。对事物的正确认识，最重要的就是避免片面思维，要有多元化思考，但大脑处理信息能力有限，所以先选择简单对象，就可以避免思考过多的因素。而较复杂问题可以用研究简单问题导出的结论通过各种方式的叠加和处理解决，更复杂的问题可以用已有结论定量分析和定性分析。

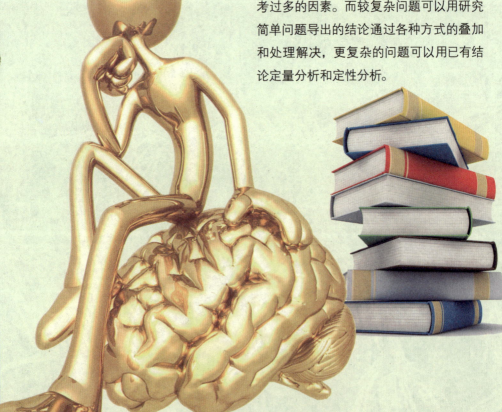

怎样成为科学家 〉

　　成为科学家的一个标志首先是成为一名独立的研究者。也就是说一个科学家必须有参与、发表、交流科学研究活动的自主性。而如何赢得这种自主性呢?这种自主性是和成果挂钩的。说白了所谓的成果无非就是发表文章或获得专利权。这对于一位以科学研究为职业的科学家是至关重要的。在过去我们总强调科学家应该首先具备科学精神,也就是你如果想以科学发现为职业,就必须从精神上有一种献身、求实、严谨和持之以恒的内质。这就是所谓的科学精神。但是随着科学研究成了一种社会建制,特别是当现代科学活动出现了政府主导的特征之后,科学就一下子从"小科学"变成了"大科学",科学家也随之变成了一种职业。这就是为什么说科学从业人员也像

• 争论与激励

　　科学是人造的,因此与人的素质有关,争论和激励能使人的素质迅速提高,因此科学需要讨论的环境和维护人们对科学的热情。

9

社会中其他人群那样,有白领、蓝领、师傅、学徒、领导者、被领导者、剥削者、被剥削者,甚至也有资本家、工人,还会有无赖、骗子、夸夸其谈者和滥竽充数者了。

所以从这个意义上讲,并不是所有从事科学研究活动的人员都可以被称为"科学家"。只有那些获得了"自主性"、"独立性",并且可以参与科学研究和交流等活动的科学研究人员才能称为实质意义上的科学家。

不管你是不是一位具有独立能力的

科学家,但如果你从事的是科学研究,那么你就必须具备科学精神。也就是具备求实、敬业精神。这一点和一个人是不是科学家没有关系。

科学活动有时看上去更像种信誉投资。不仅是因为在当今的"大科学"时代里每一位科学家都需要有人资助,而且没有信誉的科学家也算不上是实质意义的科学家。好像有人说过这样一句话:一个有贡献的科学家顶得上许多政治家或将军们。这句话如果评价处于"小科

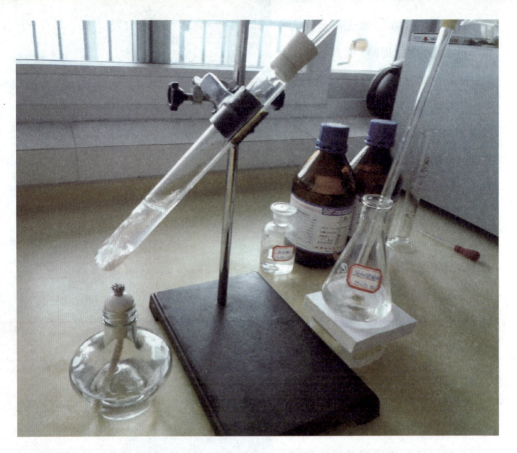

学"时代的科学家是不过分的。但是在当前的"大科学"时代，我们更应该强调的是科学研究集体的贡献，而不是单个人的贡献。但是在现实中，人们还总是习惯于把科学发现的功劳算在一个研究小组的领头人名下。因此如果说科学成果能够给科学技术人员带来"信誉"的话，那受益最多的往往是其中的少数人，体现社会中常见的"马太效应"。

这就可以理解为什么说科学研究越来越是一种职业的原因了。

对于一个准备成长为科学家的青年人来讲，你所需要的是如何在这样的环境中建立自己的学术信誉。但是鉴于目前人们的认识习惯，对于一个年轻的学生来讲，也需要自己的导师分些学术信誉给你。因此当你在挑选导师的时候就一定要看你将来"导师"的为人。特别是看他能不能帮助你最终成为"独立"的研究者。在英语里有一个名词"Mentor"相当于汉语的"恩师"。那么衡量你的导师是不是你的"恩师"的判断依据除了你是否真的学了些什么之外，最终一定要看你的导师在你成为一个独立的科学研究者的过程中起没起关键的作用。这一点其实是非常重要的。

也许有些人会以为只要是导师做到了"授业解惑"就行了，但实际上这远远不够。因为一个科学家的责任除了需要作出科学贡献之外，还必须能够培养成独立的科学家。这其实是科学家的另一个重要任务之一，应该算在一个科学家的贡献里面。

因此在现在的科学环境下，对于一个有志于成为科学家、准备献身科学研究的年轻人来讲就必须注意以下三个方面的问题。

一、认识到科学的重要性，认同科学是人类生存发展所必需的。有了这样的观念才会热爱科学，才会产生献身科学的动机和愿望。

二、自觉培养科学精神，尽可能地系统掌握已有的科学知识。其实这是一个科学家必不可缺的东西。

三、鉴于现在大科学的特点，如

何在经过一番努力之后成为科学家
还需要一定的策略,其中选择导师
是关键。

　　古人云:择业不可以不慎,同样
择师也是很严肃的事情。

　　从科学革命——常规科学的周
而复始发展观看,中国生物学家曾邦
哲提出科学发展阶段构成一个从A
开拓型人才、B集成型人才(牛顿与
爱恩斯坦等)到C继承型人才(大师
的学生——常言的名师出高徒)、D
常规型人才(师从C型权威),再到
E(A)开拓型人才(D的学生开始质
疑B型人才建立的理论与方法)的人
才梯队。

科学家的责任 〉

我们认为,世界各国的科学家都有责任,通过让民众广泛理解由自然科学之史无前例地增长所带来的危险和提供的潜能,而在民众教育方面作出贡献,启发成年群体或者教育正在到来的后代。特别是教育应当强调改进人与人之间的各种关系,并且在教育中应当消除任何形式的对战争和暴力的夸耀。

科学家,因为具有专门的知识,更有条件提前获悉科学发现带来的危险和潜能。因此,他们对于我们时代最紧迫的问题,具有专门的本领,也肩负特别的责任。

当前,在国与国之间不信任以及由此导致军事霸权之竞赛的局势下,物理学、化学、生物学和心理学等所有学科分支,已经愈益卷入军事研发之中。在诸多国家民众的眼中,"自然科学"已经变得与"武器研发"密切联系在一起。科学家,或者由于对国家安全作出了贡献,而接受赞美,或者通过发明大规模毁灭性武器、已将人类带入危难之中,而承受诅咒。科学目前在许多国家享受了越来越多的物质支持,主要是由于它对于此国家军事实力和军备竞赛获胜程度的直接或者间接的重要性。这就使科学偏离了其本真的目的,科学的真正目的是增进人类的知识,以及为了全人类的福祉,提高人类驾驭自然的能力。

十大天才科学家

阿尔伯特·爱因斯坦 >

爱因斯坦(1879—1955),美籍德裔犹太人。他创立了代表现代科学的相对论,为核能开发奠定了理论基础,开创了现代科学新纪元,被公认为是自伽利略、牛顿以来最伟大的科学家、物理学家。1921年诺贝尔物理学奖获得者。他是现代物理学的开创者、奠基人,相对论——"质能关系"的创立者,"决定论量子力学诠释"的捍卫者(振动的粒子)——不掷骰子的上帝。1999年12月26日,爱因斯坦被美国《时代周刊》评选为"世纪伟人"。

• 简介

有一句熟悉的格言是："任何事都是相对的。"但爱因斯坦的理论不是这一哲学式陈词滥调的重复，而是一种精确的用数学表述的方法。此方法中，科学的度量是相对的。显而易见的，对于时间和空间的主观感受依赖于观测者本身。

在爱因斯坦小的时候，有一天德皇军队通过慕尼黑的街市。好奇的人们都涌向窗前喝彩助兴，小孩子们则为士兵发亮的头盔和整齐的脚步而向往。但爱因斯坦恐惧地躲了起来，他既瞧不起又害怕这些"打仗的妖怪"，并要求他的母亲把他带到自己永远也不会变成这种妖怪的国土去。

幼年爱因斯坦

中学时爱因斯坦放弃了德国国籍，可他并不申请加入意大利国籍。他要做一个不要任何依附的世界公民，大战过后，爱因斯坦试图在现实的基础上建立他的世界和平的梦想，并且在"敌国"里作了一连串的"和平"演说。1933年，德国右翼刺客们的黑名单上也出现了阿尔伯特·爱因斯坦的名字，希特勒悬赏2万马克要他的人头。为了使自己与这个世界保持"和谐"，爱因斯坦加入了美国国籍。他认为，在美国这个国度里，各阶级的人们都能在勉强过得去的友谊中生存下去。

19世纪末期是物理学的大变革时期，爱因斯坦从实验事实出发，重新考查了物理学的基本概念，在理论上作出了根本性的突破，他的一些成就大大推动了天文学的发展。

他的广义相对论对天体物理学，特别是理论天体物理学有很大的影响。

爱因斯坦的狭义相对论成功地揭示了能量与质量之间的关系，坚守着"上帝不掷骰子"的量子论诠释（微粒子振动与平动的矢量和）的决定论阵地，解决了长期存在的恒星能源来源的难题。

• 家庭背景

　　爱因斯坦与前妻米列娃婚前生下女儿丽瑟尔（1902—1963），1903 年爱因斯坦与米列娃结婚，后来米列娃为爱因斯坦生了两个儿子汉斯·爱因斯坦和爱德华·爱因斯坦，两人的婚姻持续至 1919 年。

　　爱因斯坦的第二任妻子艾尔莎是他的表姐。这个婚姻从 1919 年到 1936 年爱尔莎逝世。爱因斯坦的二儿子爱德华受米列娃家庭遗传的影响患精神分裂症，一生未娶。大儿子汉斯·爱因斯坦是美国伯克利加州大学的水利工程教授，有 3 个孩子，大儿子伯恩哈德·恺撒·爱因斯坦是一名物理学家，二儿子克劳斯·马丁（1932—1938），以及养女。伯恩哈德·恺撒·爱因斯坦有 5 个孩子，其中最小的孩子托马斯·马丁·爱因斯坦成为了一名医生，保罗·爱因斯坦是小提琴家。

　　爱因斯坦孙子伯恩哈德·恺撒·爱因斯坦的书信中记录着爷爷爱因斯坦最珍爱的物品是小提琴和烟斗。

爱因斯坦与米列娃

爱因斯坦与艾尔莎

爱因斯坦与女儿女婿在一起

• 慧眼识才

爱因斯坦 16 岁时报考瑞士苏黎世的联邦工业大学工程系，可是入学考试却告以失败。看过他的数学和物理考卷的该校物理学家韦伯先生却慧眼识英才，称赞他："你是个很聪明的孩子，爱因斯坦，一个非常聪明的孩子，但是你有一个很大的缺点：就是你不想表现自己。"

韦伯先生是讲对了，爱因斯坦在数学方面可以说是"天才"，他在 12 岁到 16 岁时就已经自学了解析几何和微积分。而对于不想表现自己这个"缺点"，他也是"死不悔改"。他晚年写给朋友的信中说："我年轻时对生活的需要和期望是能在一个角落安静地做我的研究，公众人士不会对我完全注意，可是现在却不能了。"

• 成功秘诀

有一次，一个美国记者问爱因斯坦他成功的秘诀。他回答："早在 1901 年，我还是 22 岁的青年时，我已经发现了成功的公式。我可以把这公式的秘密告诉你，那就是 A=X+Y+Z！A 就是成功，X 就是正确的方法，Y 是努力工作，Z 是少说废话！这公式对我有用，我想对许多人也一样有用。"

淡泊名利

1948 年 5 月 14 日，以色列国诞生，但不久以色列与周围阿拉伯国家的战争便爆发了。已经定居在美国 10 多年的爱因斯坦立即向媒体宣称："现在，以色列人再不能后退了，我们应该战斗。犹太人只有依靠自己，才能在一个对他们存有敌对情绪的世界上生存下去。"1952 年 11 月 9 日，爱因斯坦的老朋友以色列首任总统魏茨曼逝世。在此前一天，就有以色列驻美国大使向爱因斯坦转达了以色列总理本·古里安的信，正式提请爱因斯坦为以色列共和国总统候选人。魏茨曼总统逝世当晚，一位记者给爱因斯坦的住所打来电话，询问爱因斯坦："听说要请您出任以色列共和国总统，教授先生。您会接受吗？""不会。我当不了总统。""总统没有多少具体事务，他的位置是象征性的。教授先生，您是最伟大的犹太人。不，不，您是全世界最伟大的人。由您来担任以色列总统，象征犹太民族的伟大，再好不过了。""不，我干不了。"爱因斯坦刚放下电话，电话铃又响了。这次是驻华盛顿的以色列大使打来的。大使说："教授先生，我是奉以色列共和国总理本·古里安的指示，想请问一下，如果提名您当总统候选人，您

愿意接受吗?""大使先生,关于自然,我了解一点,关于人,我几乎一点也不了解。我这样的人,怎么能担任总统呢?请您向报界解释一下,给我解解围。"大使进一步劝说:"教授先生,已故总统魏茨曼也是教授呢。您能胜任的。""魏茨曼和我不一样。他能胜任,但我不能。""教授先生,每一个以色列公民,全世界每一个犹太人,都在期待您呢!"爱因斯坦被同胞们的好意感动了,但他想的更多的是如何委婉地拒绝大使和以色列政府,而不使他们失望,不让他们窘迫。不久,爱因斯坦在报上发表声明,正式谢绝出任以色列总统。在爱因斯坦看来,"当总统可不是一件容易的事。"同时,他还再次引用他自己的话:"方程对我更重要些,因为政治是为当前,而方程却是一种永恒的东西。"

• 不拘小节

　　有一次，爱因斯坦要把墙上的一幅旧画换下来，就搬来一架梯子，一步一步爬上去。突然，他又想起一个问题，沉思起来，忘记自己在做什么了，猛地从梯子上摔下来。摔到地上以后，他顾不得疼痛，马上想到：人为什么会笔直地掉下来呢？看来物体总是沿着阻力最小的线路运动的。爱因斯坦想到这里便马上站立起来，一瘸一拐地走到桌边，提笔把自己的这个想法记了下来。这对他正在研究的问题——相对论有很大的启发。

• 热爱运动

　　爱因斯坦是一位成就辉煌的科学家。他从小喜欢运动，一生坚持不懈，直到老年，人们还尊称他为"老年运动家"。

　　有人认为科学家都是成天坐在实验室，摆弄机器，计算数据，生活单调，性格孤僻。其实，不少科学家把生活安排得非常丰富多彩，充满生气，爱因斯坦就是一个典型例子。他在学习或工作十分紧张的情况下，仍抽空参加多种文体活动，尤其喜欢爬山、骑车、赛艇、散步等体育活动。有人形容他工作时的劲头"简直像个疯子，似乎有使不完的精力"。一位伟人说过：不会休息的人，就不会工作。爱因斯坦这种充沛的精力，正是来自他的合理休息和经常锻炼的结果。

23

爱因斯坦与中国

早在 1919 年，爱因斯坦的相对论就开始被介绍到中国，特别是通过 1920 年英国哲学家罗素来华讲学，给中国学术界留下了深刻的印象。爱因斯坦本人的目光也曾一次次地投射到古老而陌生的中国，1922 年冬天，他应邀到日本讲学，往返途中，两次经过上海，一共停留了三天，亲眼看到了处于苦难中的中国，并寄予深切的同情。他在旅行日记中记下"悲惨的图像"和他的感慨："在外表上，中国人受人注意的是他们的勤劳，是他们对生活方式和儿童福利的要求的低微。他们要比印度人更乐观，也更天真。但他们大多数是负担沉重的：男男女女为每日 5 分钱的工资天天在敲石子。他们似乎鲁钝得不理解他们命运的可怕。"爱因斯坦看到这个在劳动着，在呻吟着，并且是顽强的民族，他的社会同情心再度被唤醒了。他认为，这是地球上最贫困的民族，他们被残酷地虐待着，他们所受的待遇比牛马还不如。十几年后（1936 年），爱因斯坦在美国普林斯顿大学与前来进修的周培源第一次个别交谈时就说："中国人民是苦难的人民。"他的同情是真挚的、发自内心的，不是挂在嘴上，而是付诸行动的。

1931 年"九一八"事变发生，日本从东北作为突破口侵略中国的狼子野心已昭然若揭，当时的国际社会却表现出无奈和无能，当年 11 月 17 日，爱因斯坦公开谴责日本侵略东三省的行径，呼吁各国联合起来对日本进行经济制裁，可惜回音空荡。1932 年 10

月，"五四运动的总司令"、中国共产党的创始人陈独秀（当时已被开除出党）在上海被捕，他和罗素、杜威等具有国际声望的知识分子联名致电蒋介石，要求释放。1937 年 3 月，主张抗日的沈钧儒、章乃器、王造时、史良等"七君子"被捕入狱后，他又联合杜威、孟禄等著名知识分子通电援救，向国民党当局施加道义的压力。1938 年 6 月，为了帮助中国的抗日战争，他还和罗斯福总统的长子一

同发起"援助中国委员会"，在美国2000个
城镇开展援华募捐活动。爱因斯坦是真正
的世界公民，他的爱是没有国界的，他对
中国的感情没有任何功利色彩，完
全建立在人类的同情心和强烈的
人道主义情怀之上。他的思想也
对中国日益产生深刻而久远的
影响。

　　1934年，爱因斯坦的
文集《我的世界观》在欧洲出
版，留学法国的物理学教授叶蕴理
根据法文译本转译，1937年抗战
前夕由于国难当头，这本书并没有
引起多少反响，但读过的人无不深受
启发，开始严肃地思考人生的意义、人与
国家的关系等问题。1955年，爱因斯坦去世
后，许良英和周培源都曾发表长篇悼念文章。
1979年，北京隆重举行了爱因斯坦诞辰100
周年的纪念大会。

　　1920年，中国现代大学之父蔡元培与爱
因斯坦接触，希望他可以到北大讲学。在梁
启超的资助下，蔡元培接受了爱因斯坦所需
的报酬。并约定，爱因斯坦于1922年12月
中旬来华，然而直到12月30日，爱因斯坦
才从日本到达上海，而且在上海逗留两天，
直接乘船去了新加坡，没有前往北京。蔡元
培一直等不到爱因斯坦的消息，就写了一封
诚挚的信去催问，并重申了以前谈妥的条件。
爱因斯坦回信：说上海有一个叫斐司德博士
的人，受了蔡元培的全权委托，向爱因斯坦
又提出了违背以前约定的要求，因此他不准
备来了。如今接到蔡元培的亲笔信，才知道

是误会，但他已经不能改变旅程计划，希望
原谅。多年后人们重提这件令人遗憾的旧事，
觉得这个莫名其妙的"斐司德博士"，疑似是
日本有人作梗；也有人分析说问题的根本在
于爱因斯坦在日本看到中国的状况，产生了
退意：当时中国军阀混战，财政困难，感到
北大能否兑现约定是未知数。

25

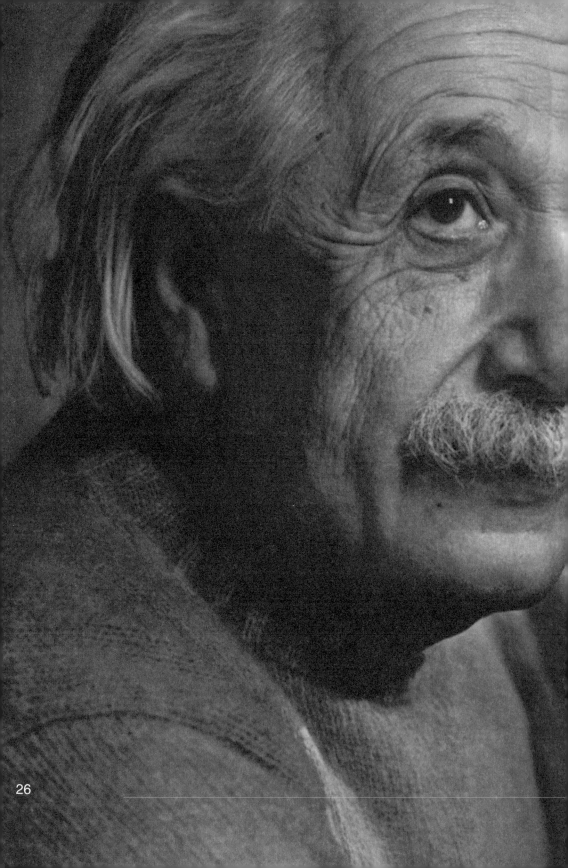

• 巨星陨落

1955 年 4 月 18 日，人类历史上最伟大的科学家之一，阿尔伯特·爱因斯坦因主动脉瘤破裂逝世于美国普林斯顿。

在爱因斯坦去世的前几天还录音对以色列广播，他说："我们这时代最大的问题是人类分成两个互相敌对的阵营：共产世界和所谓的自由世界。由于'自由'及'共产'这两个词的意义对我很难理解，我宁愿用'东方'和'西方'的权力冲突来说，然而，这地球是圆的，这样'东方'和'西方'的真正精确意义也不能清楚。"

爱因斯坦的生前不要虚荣，死后更不要哀荣。他留下遗嘱，要求不发讣告，不举行葬礼。他把自己的脑供给医学研究，身体火葬焚化，骨灰秘密地撒在不让人知道的河里，不要有坟墓也不想立碑。在把他的遗体送到火葬场火化的时候，随行的只有他最亲近的 12 个人，而其他人对于火化的时间和地点都不知道。

在去世之前，爱因斯坦把他在普林斯顿默谢雨街 112 号的房子留给跟他工作了几十年的秘书杜卡斯小姐，并且强调："不许把这房子变成博物馆。"他不希望把默谢雨街变成一个朝圣地。他一生不崇拜人格化的神，也不希望以后的人把他当作神来崇拜。

爱因斯坦曾经说过："我自己不过是自然的一个极微小的部分。"他把一切献给了人类从自然界获得自由的征程，最后连自己的骨灰也回到了大自然的怀抱。但是正如英费尔德第一次与他接触时所感受到的那样："真正的伟大和真正的高尚总是并肩而行的"，爱因斯坦的伟大业绩和精神永远留给了人类。

27

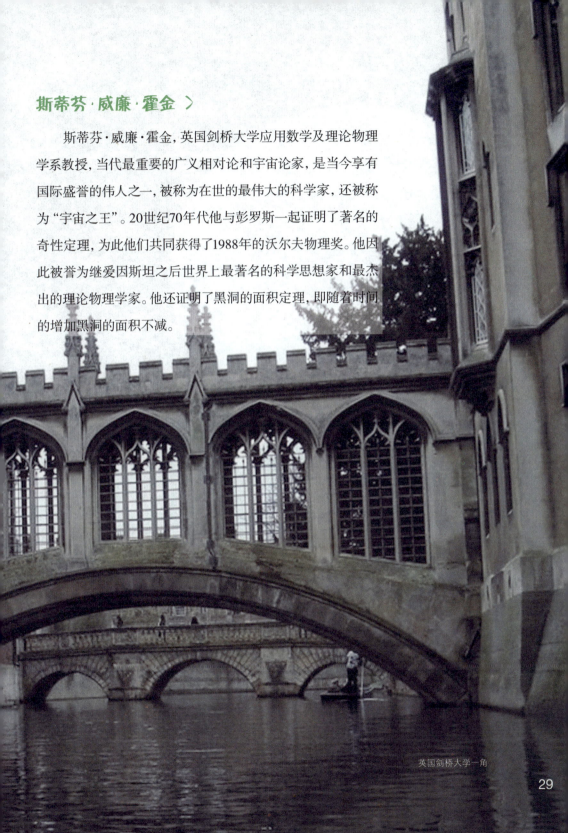

斯蒂芬·威廉·霍金 〉

　　斯蒂芬·威廉·霍金，英国剑桥大学应用数学及理论物理学系教授，当代最重要的广义相对论和宇宙论家，是当今享有国际盛誉的伟人之一，被称为在世的最伟大的科学家，还被称为"宇宙之王"。20世纪70年代他与彭罗斯一起证明了著名的奇性定理，为此他们共同获得了1988年的沃尔夫物理奖。他因此被誉为继爱因斯坦之后世界上最著名的科学思想家和最杰出的理论物理学家。他还证明了黑洞的面积定理，即随着时间的增加黑洞的面积不减。

英国剑桥大学一角

• 传奇生活

　　斯蒂芬·威廉·霍金的生平是非常富有传奇性的，在科学成就上，他是有史以来最杰出的科学家之一，他的贡献是在他被卢伽雷氏症禁锢在轮椅上 20 年之久的情况下作出的，这是真正的空前绝后。他的贡献对于人类的观念有深远的影响，媒介早已有许多关于他如何与全身瘫痪作搏斗的描述。所以说，上帝对每个人都是公平的。他有身体上的缺陷，可他的头脑聪明得很！尽管如此，霍金的华人学生吴忠超于 1979 年第一回见到他时的情景至今还历历在目。那是第一次参加剑桥霍金广义相对论小组的讨论班时，身后门一打开，脑后忽然响起一种非常微弱的电器的声音，回头一看，只见一个骨瘦如柴的人斜躺在电动轮椅上，他自己驱动着电开关。吴忠超尽量使自己保持礼貌而不显出过分吃惊，但是他对首次见到他的人对其残疾程度的吃惊早已习惯。他要用很大努力才能举起头来。在失声之前，只能用非常微弱的变形的语言交谈，这种语言只有在陪他工作、生活几个月后才能通晓。他不能写字，看书必须依赖于一种翻书页的机器，读文献时必须让人将每一页摊平在一张大办公桌上，然后他驱动轮椅如蚕吃桑叶般地逐页阅读。人们不得不对人类中居然有以这般坚强意志追求终极真理的灵魂从内心产生深深的敬意。从他对吴忠超的帮助可以体会到，他是一位富有人情味的人。每天他必须驱动轮椅从他的家——剑桥西路 5 号，经过美丽的剑河、古老的国王学院驶到银街的应用数学和理论物理系的办公室。该系为了他的轮椅行走便利特地修了一段斜坡。霍金虽然身残但志不残，非常乐观。

　　他还证明了黑洞的面积定理。在富有学术传统的剑桥大学，他担任的职务是剑桥大学有史以来最为崇高的教授职务，那是牛顿和狄拉克担任过的卢卡斯数学教授。他拥有几个荣誉学位，是最年轻的英国皇家学会会员。在公众评价中，被誉为继阿尔伯特·爱因斯坦之后最杰出的理论物理学家之一。他提出宇宙大爆炸自奇点开始，时间由此刻开始，黑洞最终会蒸

发，在统一 20 世纪物理学的两大基础理论——爱因斯坦的相对论和普朗克的量子论方面走出了重要一步。

他因患"渐冻症"（肌肉萎缩性侧索硬化症，即卢伽雷氏症），禁锢在一把轮椅上达 40 年之久，却身残志不残，使之化为优势，克服了残疾之患而成为国际物理界的超新星。他不能写，甚至口齿不清，但他超越了相对论、量子力学、大爆炸等理论而迈入创造宇宙的"几何之舞"。尽管他那么无助地坐在轮椅上，他的思想却出色地遨游到广袤的时空，解开了宇宙之谜。霍金的魅力不仅在于他是一个充满传奇色彩的物理天才，也因为他是一个令人折服的生活强者。他不断求索的科学精神和勇敢顽强的人格力量深深地吸引了每一个知道他的人。患有肌肉萎缩性侧索硬化症的他，几乎全身瘫痪，不能发音，但 1988 年仍出版《时间简史》，至今已出售逾 2500 万册，成为全球最畅销的科普著作之一。

他被世人誉为"在世的最伟大的科学家"、"另一个爱因斯坦"、"不折不扣的生活强者"、"敢于向命运挑战的人"、"宇宙之王"。

• 书堆中长大的天才

寒风凛冽，法兰克左手拿着试管，快步走向窗口，把窗户又查看了一遍，四个角落按严实了，天气太冷了。更何况不远处隐隐约约能感觉到战争的气息，死亡的恐怖笼罩下，一阵婴儿的哭声，打破了凝固的空气。

这天是 1942 年 1 月 8 日，斯蒂芬·威廉·霍金出生在这个温馨的家庭，那年 63 岁的爱因斯坦正完成《科学和宗教》等一系列科学论文，准备到苏联参加犹太人组织的活动，遗憾的是这位科学巨匠没能预感到他的接班人出生了，也许是太忙的缘

故吧。这小家伙给法兰克和伊莎贝尔夫妇带来了不少的欢乐，但麻烦事也不少，带小孩对他们来说是个挑战，比起写医学理论复杂多了，尽管伊莎贝尔在众领域颇有研究，但仍需恶补下婴幼儿的护理常识。时间一天天地过去，小家伙也一天天地长大，偶尔还会做几个鬼脸，逗得父母好开心。时间一晃几年过去了，弹指间小霍金能走路，说话了，奇怪的是他和别的小孩不同，他常常望着书架上的书默默发呆一阵子，比玩具更具有吸引力，父母决定给他提供最好的学习条件，他们希望儿子能超过自己。望子成龙，不仅仅在中国是这样，这人类的共性。后来，霍金有了个妹妹，其父母还领养了个弟弟，霍金不再是孤零零的一人了，比起和同伴玩耍，他更愿意

照顾弟弟妹妹。很快霍金到了学习的年龄，他的智商和同班的小孩一样，只是他房间里的书比别的孩子多得多，他的学习优势明显出众，一路直上，直到进了牛津大学，这是他父母最想看到的结果，努力多年终于成才了，父母甚至会谈及他的就业问题。

霍金自己并不在意，对未来考虑的并不多，和大多数同年龄段的同学一样，处于迷茫期，不会花太多的时间去考虑他的未来，对学术论文他也不太花时间。他虽然常常和同学们去玩，不过他不爱运动，不擅长各类体育活动，他的手脚远没有自己的大脑灵活，从小字就写得难看，因为他控制不了。有一两次在学校摔倒后就不能自己爬起来了，这是一个噩梦的信号，不祥的预感笼罩着他，不过他还是愉快地

过完了21岁的生日。之后，他的身体发生了巨变，父母带他到医院检查身体，医生确诊霍金得了罕见的怪病，而且是绝症。他的四肢将越来越不听使唤，然后到身体以及内脏，直到心脏和肺部，最后猝死，他最多只有两年的时间了，他甚至等不到拿学士学位的那一天。他的身体变化很大，很快身体就不能动了，和医生预期的一样，他更没心思去研究学术上的问题了，直到一个女孩的出现，改变了他的人生轨迹，给了他生存下去的勇气。给霍金带来创造奇迹的人是简·怀尔德，也就是他的女友，霍金和怀尔德是在生病之前认识的，他们的爱情观并没有因病魔的出现而选择放弃，而是更加坚定，两人并肩应对病魔，打破了只能活两年的咒语，霍金重新开始研究学术了，并且很顺利地获得了博士学位，之后，两人结婚了。霍金对女人有独特的幽默感，当人们问到他所追求的目标是什么时，他回答第一想知道黑洞里有什么，第二想知道女人是什么。

确实如此，他做事凭感觉，因为女友他活了下来，他和别的研究者不太一样，他凭直觉来判断事物，这是望远镜所不具有的功能，他灵感一动，感觉到黑洞应该也有温度，不仅仅是爱因斯坦所描述的那样只进不出，黑洞不黑。

成就荣誉

1. 1989 年获得英国爵士荣誉称号

2. 是英国皇家学会学员和美国科学院外籍院士

3. 伦敦皇家天文学会的埃丁顿勋章

4. 梵蒂冈教皇科学学会十一世勋章

5. 霍普金斯奖

6. 美国丹尼欧海涅曼奖

7. 麦克斯韦奖

8. 英国皇家学会的休斯勋章

9. 1978 年获物理界最有威望的大奖——阿尔伯特·爱因斯坦奖

10. 与罗杰·彭罗斯共同获得了 1988 年的沃尔夫物理奖

11. 1988 年，斯蒂芬·威廉·霍金的书《时间简史：从大爆炸到黑洞》获沃尔夫基金奖

12. 2009 年 8 月 12 日，获得自由勋章——由奥巴马亲自颁奖

▶ 霍金精彩语录

1.当你面临着死亡的可能性，你就会意识到，生命是宝贵的，你有大量的事情要做。

2.是先有鸡，还是先有蛋？

3.宇宙有开端吗？如果有的话，在此之前发生过什么？

4.宇宙从何处来，又往何处去？

5.活着就有希望。

6.时间有没有尽头？

7.科学家和娼妓都是做他们喜欢的事赚钱。

8.一个人如果身体有了残疾，绝不能让心灵也有残疾。

9.生活是不公平的，不管你的境遇如何，你只能全力以赴。

10.我的手指还能活动，我的大脑还能思考；我有终身追求的理想，有我爱和爱我的亲人和朋友；对了，我还有一颗感恩的心……（在一次新闻发布会上，一位女记者提出一个苛刻的问题，但霍金还是以恬静的微笑这样回答，霍金不仅以他的成就征服了科学界，也以他顽强拼搏的精神征服了世界）。

11.虽然我行动不便，说话需要机器的帮助，但是我的思想是自由的！

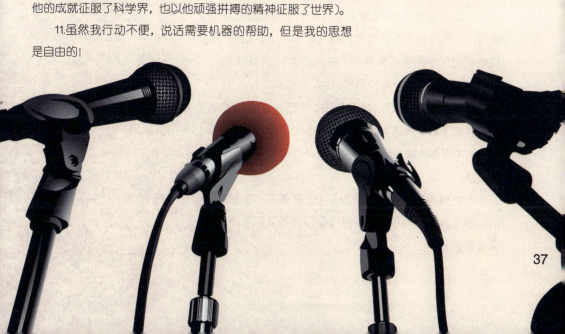

• 大众明星

1988 年，霍金的科普著作《时间简史：从大爆炸到黑洞》发行，从研究黑洞出发，探索了宇宙的起源和归宿，该书被译成 40 余种文字，出版 2500 万册，但因书中内容极其艰深，在西方被戏称为"读不来的畅销书"，有学者曾指这种书之所以如此畅销，是因为书中尝试解答过去只有神学才能触及的题材：时间有没有开端，空间有没有边界。2001 年 10 月又一部作品《果壳中的宇宙》出版发行。该书是《时间简史》的姐妹篇，以相对简化的手法及大量图解，诉说宇宙起源。2006 年，他在香港透露正与女儿合撰一套类似《哈利•波特》，但主题是理论物理学而非魔法的小说。

霍金亦试图通过通俗演讲，将自己的思想与整个世界交流，除了常在英国及美国发表演说，他上世纪 90 年代曾两次到访日本，2002 年 8 月曾到访杭州发表《膜的新奇世界》，2006 年 6 月在香港科技大学发表《宇宙的起源》时，哄动一时，被戏称受到"摇滚巨星"级的接待。霍金的声望，令他多次获邀到外地演说，常获国家元首接见。

大众会好奇一位残障人士，为何会想到这么多宇宙论，这令他成了大众媒体的宠儿。事实上，他在"星舰奇航记"中的电视系列剧"银河飞龙"饰演过自己，与爱因斯坦及牛顿一起打桥牌；他亦曾在美国卡通片《辛普森一家》中"演出"，拯救剧中的女孩。其形象也在卡通片《飞出个未来》中的一集里出现。卡通片《居家男人》中则有与其类似的角色（Steve）对其进行了滑稽的模仿。

在热播美剧《生活大爆炸》中，斯蒂芬•霍金本色出演参与客串，科学宅男"谢耳朵"终于见到了自己的偶像霍金！

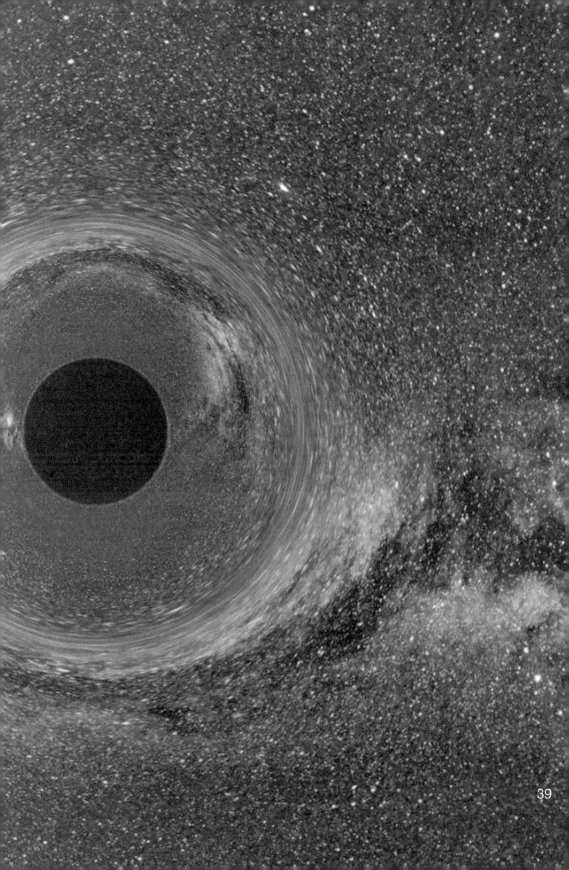

阿尔弗雷德·贝恩哈德·诺贝尔 ＞

阿尔弗雷德·贝恩哈德·诺贝尔是瑞典化学家、工程师、发明家、军工装备制造商和炸药的发明者。诺贝尔的Bofors（卜福斯）公司有350年历史，之前主要生产钢铁。诺贝尔拥有卜福斯后把公司主要产品方向改为生产军工产品。在第二次世界大战中该公司多项产品曾授权多国生产，并受军队广泛好评。诺贝尔一生拥有350项专利发明，其中炸药是最为出名的一项。

• 人物简介

1833 年 10 月 21 日出生于瑞典首都斯德哥尔摩。母亲是以发现淋巴管而成为著名的瑞典博物学家——鲁德贝克的后裔。他从父亲伊曼纽尔·诺贝尔那里学习了工程学的基础，也像父亲一样具有发明的才能。诺贝尔的父亲伊曼纽尔·诺贝尔是位发明家，在俄国拥有大型机械工厂，1840—1859 年，伊曼纽尔·诺贝尔在圣彼得堡从事大规模水雷生产，这些水雷及其他武器曾用于克里米亚战争。他发明了家用取暖的锅炉系统、设计了一种制造木轮的机器、设计制造了大锻锤、改造了工厂设备。1853 年 5 月，沙皇尼古拉一世为了表彰伊曼纽尔·诺贝尔的功绩，破例授予他勋章。在父亲永不停息的创造精神影响和引导下，诺贝尔走上了光辉灿烂的科学发明道路。诺贝尔一家于 1842 年离开斯德哥尔摩同当时正在圣彼得堡的父亲相团聚。

诺贝尔的 299 项发明专利中有 129 项发明是关于炸药的，所以诺贝尔被称为炸药大王。诺贝尔一生未婚，没有子女。一生的大部分时间忍受着疾病的折磨。他生前有两句名言："我更关心生者的肚皮，而不是以纪念碑的形式对死者的缅怀"、"我看不出我应得到任何荣誉，我对此也没有兴趣"。质朴无华的语言却道出了真谛。奢华的语言，包裹着华丽外衣的语言，有时候是不管用的。

重返瑞典以后，诺贝尔开始制造液体炸药硝化甘油。在这种炸药投产后不久的 1864 年，工厂发生爆炸，诺贝尔最小的弟弟埃米尔和另外 4 人被炸死。由于危险性太大，瑞典政府禁止重建这座工厂，被认为是"科学疯子"的诺贝尔只好向朋友借了一只船在湖面的船上进行实验，寻求减小搬动硝化甘油时发生危险的方法。在一次偶然的机会，他发现硝化甘油可以被干燥的硅藻土吸附，这种混合物可以安全运输。上述发现使他得以改进黄色炸药和必要的雷管。黄色炸药在英国（1867 年）和美国（1868 年）取得专利之后，诺贝尔进一步实验并研制成一种威力更大的同一类型的炸药爆炸胶，于 1876 年取得专利。大约 10 年后，又研制出最早的硝化甘油

41

无烟火药弹道炸药。他曾要求弹道炸药的专利权要包括柯达炸药，但遭到法庭否决。诺贝尔在全世界都有炸药制造业的股份，加上他在俄国巴库油田的产权，所拥有的财富是巨大的，他因此不得不在世界各地不停地奔波。诺贝尔本质上是一位和平主义者，希望他发明的破坏性炸药有助于消灭战争，但他对人类和国家的看法是悲观主义的。

诺贝尔在圣彼得堡长大和求学后去法国和美国深造。学成返回瑞典从事化学，尤其是炸药的研究与发明。诺贝尔父子在斯德哥尔摩市郊建立实验室，首次研制出解决炸药引爆的雷汞管。1863年开始生产甘油炸药，由于液体炸药容易发生爆炸，1866年他制造出固体的安全猛烈炸药"达那马特"，这一产品成为以后诺贝尔国际性工业集团的基石。1867年又发明安全雷管引爆装置，随后又相继发明多种威力更大的炸药。他毕生有各类炸药及人造丝等近400项发明，获85项专利。这些发明使诺贝尔在世界化学史上占有重要地位。诺贝尔通过制造炸药积累大量财富，他购入瑞典B.哥尔斯邦军火化工厂的大部分股权，创建了诺贝尔化工公司，在西欧各国开设生产炸药型两个托拉斯，拥有在俄国巴库开采石油的诺贝尔兄弟公司。

• 爱好文学

诺贝尔对文学有长期的爱好，在青年时代曾用英文写过一些诗。后人还在他的遗稿中发现他写的一部小说的开端。他对各种人道主义和科学的慈善事业捐款十分慷慨，把大部分财产都交付给了信托，设立了后来成为国际最高荣誉的奖金——诺贝尔奖金，即和平、文学、物理学、化学、生理学或医学共5项诺贝尔奖金（其中，诺贝尔经济学奖金是瑞典国家银行在1968年提供资金增设的）。

鲜为人知的是诺贝尔同时也是一位剧作家，但是一直到他垂危的时候，他唯一的剧作才得以付印。可惜的是，他的作品被认为是"诽谤滋事、亵渎神明"，一迨诺贝尔过世就几乎全都被销毁了，只有区区3份得以幸存。一直到2003年，首部幸存版才在瑞典出版。除了世界语外，这部戏剧还没有被翻译成其他语言，包括英语。

• 诺贝尔自传

当有人要诺贝尔写自传时，他认为不应拿自己的功绩吹嘘，他写道："下面的记载，依我看是最漂亮的了:阿尔弗雷德·诺贝尔，当他呱呱坠地时，他那可怜的生命，本可断送于一位仁慈的医生之手。主要的美德：保持指甲清洁，从不累及他人。主要的过失：没有太太，脾气很坏，消化不良。唯一的愿望：不被人活埋。最大的罪恶：不祭拜财神。"

43

• 名言

生命,那是自然付给人类雕琢的宝石。

人类从新发现中得到的好处总要比坏处多。

我的理想是为人类过上更幸福的生活而发挥自己的作用。

我更关心生者的肚皮,而不是以纪念碑的形式对死者的缅怀。

我看不出我应得到任何荣誉,我对此也没有兴趣。

艾萨克·牛顿 〉

艾萨克·牛顿爵士是人类历史上最伟大、最有影响的科学家,同时也是物理学家、数学家和哲学家,晚年醉心于炼金术和神学。他在1687年7月5日发表的不朽著作《自然哲学的数学原理》里用数学方法阐明了宇宙中最基本的法则——万有引力定律和三大运动定律。这四条定律构成了一个统一的体系,被认为是"人类智慧史上最伟大的一个成就",由此奠定了之后三个世纪中物理界的科学观点,并成为现代工程学的基础。牛顿为人类建立起"理性主义"的旗帜,开启工业革命的大门。牛顿逝世后被安葬于威斯敏斯特大教堂,成为在此长眠的第一个科学家。

• 学生时代

大约从 5 岁开始，牛顿被送到公立学校读书。少年时的牛顿并不是神童，他资质平常、成绩一般，但他喜欢读书，喜欢看一些介绍各种简单机械模型制作方法的读物，并从中受到启发，自己动手制作些奇奇怪怪的小玩意，如风车、水钟、折叠式提灯等等。

传说小牛顿把风车的机械原理摸透后，自己制造了一架磨坊的模型，他将老鼠绑在一架有轮子的踏车上，然后在轮子的前面放上一粒玉米，刚好那地方是老鼠可望不可即的位置。老鼠想吃玉米，就不断地跑动，于是轮子不停地转动；还有一次他放风筝时，在绳子上悬挂着小灯，夜间村人看去惊疑是彗星出现；他还制造了

一个小水钟。每天早晨，小水钟会自动滴水到他的脸上，催他起床。他还喜欢绘画、雕刻，尤其喜欢刻日晷，家里墙角、窗台上到处安放着他刻画的日晷，用以验看日影的移动。

牛顿 12 岁时进了离家不远的格兰瑟姆中学。牛顿的母亲原希望他成为一个农民，但牛顿本人无意于此，而酷爱读书。随着年龄的增长，牛顿越发爱好读书，喜欢沉思，做科学小实验。他在格兰瑟姆中学读书时，曾经寄宿在一位药剂师家里，使他受到了化学实验的熏陶。牛顿在中学时代学习成绩并不出众，只是爱好读书，对自然现象有好奇心，例如颜色、日影四季的移动，尤其是几何学、哥白尼的日心

说等等。他还分门别类地记读书笔记，又喜欢别出心裁地做些小工具、小技巧、小发明、小实验。当时英国社会渗透基督教新思想，牛顿家里有两位都以神父为职业的亲戚，这可能影响牛顿晚年的宗教生活。从这些平凡的环境和活动中，还看不出幼年的牛顿是个才能出众异于常人的儿童。

后来迫于生活，母亲让牛顿休学在家务农，赡养家庭。但牛顿一有机会便埋首书卷，以致经常忘了干活。每次，母亲叫他同用人一道上市场，熟悉生意经时，他便恳求用人一个人上街，自己则躲在树丛后看书。有一次，牛顿的舅父起了疑心，就跟踪牛顿上市镇去，发现他的外甥伸着腿，躺在草地上，正在聚精会神地钻研一个数学问题。牛顿的好学精神感动了舅父，于是舅父劝服了母亲让牛顿复学，并鼓励牛顿上大学读书。牛顿又重新回到了学校，如饥似渴地汲取着书本上的营养。

从 12 岁左右到 17 岁，牛顿都在国王中学学习，在该校图书馆的窗台上还可以看见他当年的签名。他曾从学校退学，并在 1659 年 10 月回到埃尔斯索普村，因为他再度守寡的母亲想让牛顿当一名农夫。牛顿虽然顺从了母亲的意思，但据牛顿的同侪后来的叙述，耕作工作让牛顿相当不快乐。所幸国王中学的校长亨利·斯托克斯（Henry Stokes）说服了牛顿的母亲，牛顿又被送回了学校以完成他的学业。他在 18 岁时完成了中学的学业，并得到了一份完美的毕业报告。

1661 年 6 月，他进入了剑桥大学的三一学院。在那时，该学院的教学基于亚里士多德的学说，但牛顿更喜欢阅读一些笛卡尔等现代哲学家以及伽利略、哥白尼和开普勒等天文学家更先进的思想。1665 年，他发现了广义二项式定理，并开始发展一套新的数学理论，也就是后来为世人所熟知的微积分学。在 1665 年，牛顿获得了学位，而大学为了预防伦敦大瘟疫而关闭了。在此后两年里，牛顿在家中继续研究微积分学、光学和万有引力定律。

47

• 创立微积分

大多数现代历史学家都相信，牛顿与莱布尼茨独立发展出了微积分学，并为之创造了各自独特的符号。根据牛顿周围的人所述，牛顿要比莱布尼茨早几年得出他的方法，但在 1693 年以前他几乎没有发表任何内容，并直至 1704 年他才给出了其完整的叙述。其间，莱布尼茨已在 1684 年发表了他的方法的完整叙述。此外，莱布尼茨的符号和"微分法"被欧洲大陆全面地采用，在大约 1820 年以后，英国也采用了该方法。莱布尼茨的笔记本记录了他的思想从初期到成熟的发展过程，而在牛顿已知的记录中只发现了他最终的结果。牛顿声称他一直不愿公布他的微积分学，是因为他怕被人们嘲笑。牛顿与瑞士数学家尼古拉·法蒂奥·丢勒的联系十分密切，后者一开始便被牛顿的引力定律吸引。1691 年，丢勒打算编写一个新版本的牛顿《自然哲学的数学原理》，但从未完成它。一些研究牛顿的传记作者认为他们之间的关系可能存在爱情的成分。不过，在 1694 年这两个人之间的关系冷却了下来。在那个时候，丢勒还与莱布尼茨交换了几封信件。

在 1699 年初，皇家学会（牛顿也是其中的一员）的其他成员们指控莱布尼茨剽窃了牛顿的成果，争论在 1711 年全面爆发了。牛顿所在的英国皇家学会

宣布，一项调查表明了牛顿才是真正的发现者，而莱布尼茨被斥为骗子。但在后来，发现该调查评论莱布尼茨的结语是由牛顿本人书写，因此该调查遭到了质疑。这导致了激烈的牛顿与莱布尼茨的微积分学论战，并破坏了牛顿与莱布尼茨的生活，直到后者在 1716 年逝世。这场争论在英国和欧洲大陆的数学家间划出了一道鸿沟，并可能阻碍了英国数学至少一个世纪的发展。

牛顿的一项被广泛认可的成就是广义二项式定理，它适用于任何幂。他发现了牛顿恒等式、牛顿法，分类了立方面曲线（两变量的三次多项式），为有限差理论作出了重大贡献，并首次使用了分式指数和坐标几何学得到丢番图方程的解。他用对数趋近了调和级数的部分和（这是欧拉求和公式的一个先驱），并首次有把握地使用了幂级数和反转幂级数。他还发现了 π 的一个新公式。

他在 1669 年被授予卢卡斯数学教授席位。在那一天以前，剑桥或牛津的所有成员都是经过任命的圣公会牧师。不过，卢卡斯教授之职的条件要求其持有者不得活跃于教堂（大概是如此可让持有者把更多时间用于科学研究上）。牛顿认为应免除他担任神职工作的条件，这需要查理二世的许可，后者接受了牛顿的意见。这样避免了牛顿的宗教观点与圣公会信仰之间的冲突。

49

• 光的微粒说的提出者

从 1670 年到 1672 年，牛顿负责讲授光学。在此期间，他研究了光的折射，表明棱镜可以将白光发散为彩色光谱，而透镜和第二个棱镜可以将彩色光谱重组为白光。

他还通过分离出单色的光束，并将其照射到不同的物体上的实验，发现了色光不会改变自身的性质。牛顿还注意到，无论是反射、散射或发射，色光都会保持同样的颜色。因此，我们观察到的颜色是物体与特定有色光相合的结果，而不是物体产生颜色的结果。

从这项工作中，他得出了如下结论：任何折光式望远镜都会受到光散射成不同颜色的影响，并因此发明了反射式望远镜（现称作牛顿望远镜）来回避这个问题。他自己打磨镜片，使用牛顿环来检验镜片的光学品质，制造出了优于折光式望远镜的仪器，而这都主要归功于其大直径的镜片。1671 年，他在皇家学会上展示了自己的反射式望远镜。皇家学会的兴趣鼓励了牛顿发表他关于色彩的笔记，这在后来扩大为《光学》一书。但当罗伯特·胡克批评了牛顿的某些观点后，牛顿对其很不满并退出了辩论会。两人自此以后成为了敌人，这一直持续到胡克去世。

牛顿认为光是由粒子或微粒组成的，并会因加速通过光密介质而折射，但他也不得不将它们与波联系起来，以解释光的

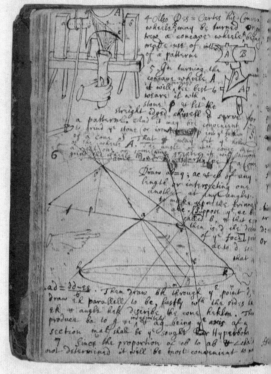

牛顿手稿

衍射现象。而其后世的物理学家们则更加偏爱以纯粹的光波来解释衍射现象。现代的量子力学、光子以及波粒二象性的思想与牛顿对光的理解只有很小的相同点。在 1675 年的著作《解释光属性的解说》中，牛顿假定了以太的存在，认为粒子间力的传递是透过以太进行的。不过牛顿在与神智学家亨利·莫尔接触后重新燃起了对炼金术的兴趣，并改用源于汉密斯神智学中粒子相吸互斥思想的神秘力量来解释，替换了先前假设以太存在的看法。拥有许多牛顿炼金术著作的经济学大师约翰·梅纳德·凯恩斯曾说："牛顿不是理性时代的第

一人，他是最后一位炼金术士。"但牛顿对炼金术的兴趣与他对科学的贡献息息相关，而且在那个时代炼金术与科学也还没有明确的区别。如果他没有依靠神秘学思想来解释穿过真空的超距作用，他可能也不会发展出他的引力理论。

1704 年，牛顿著成《光学》，其中他详述了光的粒子理论。他认为光是由非常微小的微粒组成的，而普通物质是由较粗微粒组成，并推测如果通过某种炼金术的转化"物质和光便能互相转变"物质也能由进入其结构中的光粒子得到主要的动力。牛顿还使用玻璃球制造了原始形式的摩擦静电发电机。

• 牛顿力学

1679 年，牛顿重新回到力学的研究中：引力及其对行星轨道的作用、开普勒的行星运动定律、与胡克和弗拉姆斯蒂德在力学上的讨论。他将自己的成果归结在《物体在轨道中之运动》(1684 年）一书中，该书中包含有初步的、后来在《原理》中形成的运动定律。

《自然哲学的数学原理》(现常简称作《原理》) 在埃德蒙·哈雷的鼓励和支持下于 1687 年 7 月 5 日出版。该书中牛顿阐述了其后 200 年间都被视作真理的三大运动定律。牛顿使用拉丁单词"gravitas"(沉重）来为现今的引力（gravity）命名，并定义了万有引力定律。在这本书中，他还基于波义耳定律提出了首个分析测定空气中音速的方法。

由于《原理》的成就，牛顿得到了国际性的认可，并为他赢得了一大群支持者：牛顿与其中的瑞士数学家尼古拉·法蒂奥·丢勒建立了非常亲密的关系，直到 1693 年他们的友谊破裂。这场友谊的结束让牛顿患上了神经衰弱。

牛顿手稿

· 晚年生活

由于受时代的限制，牛顿基本上是一个形而上学的机械唯物主义者。他认为运动只是机械力学的运动，是空间位置的变化；宇宙和太阳一样是没有发展变化的；靠万有引力的作用，恒星永远在一个固定不变的位置上。

随着科学声誉的提高，牛顿的政治地位也得到了提升。1689年，他当选为国会中的大学代表。作为国会议员，牛顿逐渐疏远给他带来巨大成就的科学。他不时表示出对以他为代表的领域的厌恶。同时，他的大量时间花费在了和同时代的著名科学家如胡克、莱布尼茨等进行科学优先权的争论上。

晚年的牛顿在伦敦过着堂皇的生活，1705年他被安妮女王封为贵族。此时的牛顿非常富有，被普遍认为是当世最伟大的科学家。他担任英国皇家学会会长，在他任职的24年时间里，他以铁拳统治着学会。没有他的同意，任何人都不能被选举。

晚年的牛顿开始致力于对神学的研究，他否定哲学的指导作用，虔诚地相信上帝，埋头于写以神学为题材的著作。当他遇到难以解释的天体运动时，提出了"神的第一推动力"的理论。他说："上帝统治万物，我们是他的仆人而敬畏他、崇拜他。"

• 与世长辞

1727 年 3 月 31 日，伟大的艾萨克·牛顿逝世。同其他很多杰出的英国人一样，他被埋葬在了威斯敏斯特教堂。他的墓碑上镌刻着：让人们欢呼这样一位多么伟大的人类荣耀曾经在世界上存在。

牛顿与中国

牛顿生活的年代相当于明亡之前一年到清雍正五年，《自然哲学的数学原理》一书发表的时间相当于康熙二十五年。从牛顿《原理》发表的 1687 年到 1840 年的 150 余年间，牛顿物理学和天文学知识几乎没有介绍到中国。《原理》一书的基本内容直到鸦片战争之后才在中国传播。

哥白尼的太阳中心说、开普勒的椭圆轨道、牛顿的万有引力三者相继传入中国，它们和我国奉为圭臬的"天动地静"、"天圆地方"、"阴阳相感"的传统有天壤之别。

这就不能不引起中国人的巨大反响。牛顿学说在中国的传播绝不只是影响了学术界，唤醒了人们对于科学真理的认识。更重要的是，也为中国资产阶级改革派发起的戊戌变法（1898 年）提供了一种舆论准备。这个运动的主将康有为、梁启超和谭嗣同等人，都无一例外地从牛顿学说中寻找维新变法的根据，尤其是牛顿在科学上革故图新的精神鼓舞了清代一切希望变革社会的有志之士。

• 牛顿与伪币

作为英国皇家铸币厂的主管官员，牛顿估计大约有 20% 的硬币是伪造的。伪造货币在英国是大逆罪，会被处以车裂的极刑。尽管这样，为那些恶名昭著的罪犯定罪是异常困难的；不过，事实证明牛顿胜任这项任务。

他通过掩饰自己的身份而搜集了许多证据，并公之于酒吧和客栈里。英国的法律保留了古老且麻烦的习惯，以给起诉设置必要的障碍，并将政府部门从司法中分离开来。牛顿为此当上了太平绅士，并在 1698 年 6 月到 1699 年圣诞节间引导了对 200 名证人、告密者和嫌疑犯的交叉讯问。牛顿最后得以胜诉，并在 1699 年 2 月执行了 10 名罪犯的死刑。后来，他下令将所有的讯问记录予以销毁。

也许牛顿最伟大的胜利是以国王法律代理人的身份与威廉·查洛纳对质。查洛纳密谋策动一起假的天主教阴谋活动，然后检举那些不幸被他诱骗来的共谋者。在向国会的请愿中，查洛纳控告铸币厂有偿地将工具提供给了造伪币者，并请求国会允许他检查铸币厂的生产过程以证明他的控告。他还请求国会采纳他所谓的"无法伪造的造币过程"，以及同时打击假币的计划。牛顿被激怒了，并开始着手调查，以查出查洛纳做过的其他事。在调查中，牛顿发现查洛纳参与了伪币制造。他立即起诉了查洛纳，但查洛纳在高层有一些朋友，因此他被无罪释放了，这让牛顿感到不满。在第二次起诉中，牛顿提供了确凿的证据，并成功地使查洛纳被判处大逆罪。1699 年 3 月 23 日，查洛纳在泰伯恩行刑场被车裂。

牛顿
(1642-1727)
英国物理学家

• 对科学研究的痴情

　　牛顿对于科学研究专心到痴情的地步。据说有一次牛顿煮鸡蛋，他一边看书一边干活，糊里糊涂地把一块怀表扔进了锅里，等水煮开后，揭盖一看，才知道错把怀表当鸡蛋煮了。还有一次，一位来访的客人请他估价一具棱镜。牛顿一下就被这具可以用作科学研究的棱镜吸引住了，毫不迟疑地回答说："它是一件无价之宝！"客人看到牛顿对棱镜垂涎三尺，表示愿意卖给他，还故意要了一个高价。牛顿立即欣喜地把它买了下来，管家老太太知道了这件事，生气地说："咳，你这个笨蛋，你只要照玻璃的重量折一个价就行了！"有一次牛顿请朋友吃饭，准备好饭菜后，自己却钻进了研究室，朋友见状吃完后便不辞而别了，牛顿出来时发现桌上剩下的残羹冷饭，以为自己已经吃过了，就回去继续进行研究实验。牛顿用心之专注被传佳话。

梯形三棱镜

55

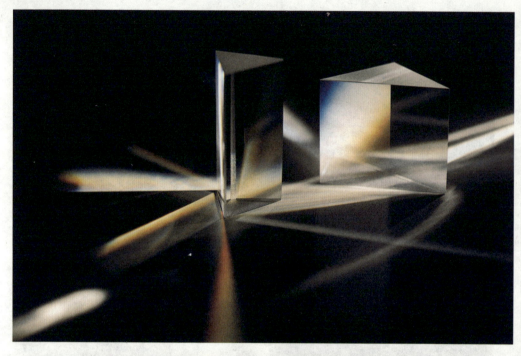

● 终身未婚之谜

牛顿少年时代在一首诗里表白自己的远大抱负：

世俗的冠冕啊，我鄙视它如同脚下的尘土，

它是沉重的，而最佳也只是一场空虚；

可是现在我愉快地欢迎顶荆棘冠冕，

尽管刺得人痛，但味道主要的是甜；

我看见光荣之冠在我的面前呈现，

它充满幸福，永恒无边。

可以说，每一个伟大的科学家，都是富有激情、富有理想的诗人，但牛顿是一个追求用科学中的光线谱来解释他的理想的特殊类型的诗人。他让他的思想展翅飞翔，以整个宇宙作为藩篱。在他的整个心田里，填满了自然、宇宙。也许这是他终身未娶的最根本原因。不过，牛顿并没有完全与爱情绝缘，他一生中还有过两次恋爱。牛顿 23 岁正在剑桥大学求学时，由于剑桥发生了瘟疫，学校放假。牛顿回到乡下，住在舅父家里。在那里，他第一次爱上了美丽、聪明、好学、富有思想的表妹。表妹也很喜欢这个学识渊博、卓见非凡的大学生。他们常常一起散步。牛顿喜欢即兴发表长篇讲话，他的讲话内容又多是他正在学习和研究的问题。表妹虽听不懂，但她还是耐心地听，似乎觉得很有趣。牛顿在心里想："这样一个可爱的女子，对于我所讲的觉得这样有味，我一定很不错。

当然，她的脑筋一定也很好，是个不平凡的女子。如果能得到她的帮助，解决我的许多困难问题，与我共同工作，那该多好啊！"

但是牛顿生性腼腆，并未及时向表妹表白心中的爱情。等他回到剑桥大学后，又聚集会神地沉浸到科学研究中去了。他早已忘记了远方的乡村还有一位美丽的少女在等着他。他对个人生活一直不予重视，而他的表妹却误以为牛顿对她冷淡，便择夫嫁人了，因而醉心于科学研究的牛顿便耽误了一次爱情的大好时机。牛顿实在太忙了，他连做梦想的也是宇宙、世界。他往往领带不结，鞋带不系好，马裤也不扣好，就走进大学餐厅。尽管如此，牛顿毕竟是个年轻人，还有一颗浪漫的心。有一次，"青春迫不及待的激情"，催使他向一位年轻姑娘求婚。他轻轻地握着她的手，含情脉脉地看着这位美人。正在这紧要关头，他的心思忽地溜到另一个世界去了。他的头脑中只剩下无穷量的二项式定理。他像做梦似的，下意识地抓住情人的一个手指，把它当成是通烟斗的通条，硬往烟斗里塞。姑娘痛得大叫一声，他才清醒过来。面对吃惊的姑娘，他连忙像只绵羊似的柔声道歉："啊，亲爱的，饶恕我吧！我知道，我是不行了。看来，我是该打一辈子光棍！"

姑娘饶恕了牛顿，却无法理解他，爱情又成了泡影。科学上许多新的问题不断扑向牛顿的脑海，他把热情都集中到了科学事业上。此后那种"青春的热情"再也没有涌现多彩的旋律。

詹姆斯·瓦特 >

　　詹姆斯·瓦特是英国著名的发明家，是工业革命时的重要人物。1776年制造出第一台有实用价值的蒸汽机。以后又经过一系列重大改进，使之成为"万能的原动机"，在工业上得到广泛应用。他开辟了人类利用能源新时代，标志着工业革命的开始。后人为了纪念这位伟大的发明家，把功率的单位定为"瓦特"。

• 瓦特生平

瓦特在 1736 年 1 月 19 日生于苏格兰格拉斯哥附近，克莱德河湾上的港口小镇格林诺克。瓦特从小身体虚弱，到了入学年龄仍不能去上学。过了入学年龄好几年，他才到镇上的学校学习。13 岁那年，他对几何学产生了兴趣，15 岁就读完了《几何学原理》这样艰深的书籍。后来他进入文法学校，数学成绩特别优秀。由于身体不好，他没到毕业就退学了。但是，他在家里坚持自学了天文学、化学、物理学和解剖学等多学科知识，并自学了好几门外语。瓦特 17 岁的时候，母亲去世了，而父亲的生意开始走下坡路。他到格拉斯哥的一家钟表店里当了学徒。他在业余时间刻苦学习，进一步掌握了许多科技原理。在当学徒时他曾经动手制造过技术要求较高的罗盘、经纬仪等。21 岁那年，他来到了格拉斯哥大学当教具实验员，负责修理和制造仪器。他进一步熟悉了当时一些较先进的机械技术。

1757 年，格拉斯哥大学的教授给瓦特提供了一个机会，让他在大学里开设了一间小修理店，这帮助瓦特走出了困境。其中的一位教授，物理学家与化学家约瑟夫·布莱克更是成了瓦特的朋友与导师。1767 年，瓦特与表妹玛格丽特·米勒结婚，此后他们共养育了 6 个孩子。

詹姆斯·瓦特

• 瓦特的发明

瓦特的小店开业 4 年后，在朋友罗宾逊教授的引导下，瓦特开始了对蒸汽机的实验。1763 年，瓦特得知格拉斯哥大学有一台纽科门蒸汽机，但是正在伦敦修理，他请求学校取回了这台蒸汽机并亲自进行了修理。修理后这台蒸汽机勉强可以工作，但是效率很低。经过大量实验，瓦特发现效率低的原因是由于活塞每推动一次，汽缸里的蒸汽都要先冷凝，然后再加热进行下一次推动，从而使得蒸汽 80% 的热量都耗费在维持汽缸的温度上面。1765 年，瓦特取得了关键性的进展，他想到将冷凝器与汽缸分离开来，使得汽缸温度可以持续维持在注入的蒸汽的温度，并在此基础上很快建造了一个可以运转的模型。

在约翰·罗巴克的赞助下，瓦特开始了新式蒸汽机的试制，并成为新公司的合伙人。这之后，罗巴克破产，相关专利都由伯明翰一间铸造厂老板马修·博尔顿接手。瓦特与博尔顿从此开始了他们之间长达 25 年的成功合作。

与博尔顿的合作，使得瓦特得到了更好的设备资金以及技术上的支持，特别是在加工制造工艺方面。新型蒸汽机制造的一个主要困难在于活塞与大型汽缸的密合，这个问题最终被约翰·威尔金森解决，他在改进加农炮的制造时提出了一种新的精密镗孔加工技术，可以用于蒸汽机的制造。终于在 1776 年，第一批新型蒸汽机制造成功并应用于实际生产。这批蒸汽机由于还只能提供往复直线运动而主要应用于抽水泵上。在之后的 5 年中，瓦特赢得了大量的订单并忙于奔波在各个矿场之间安装由这种新型蒸汽机带动的水泵。

在博尔顿的要求下，瓦特继续研究如何将蒸汽机的直线往复运动转化为圆周运动，以便使蒸汽机能为绝大多数机器提供动力。一个显而易见的詹姆斯·瓦特解决办法是通过曲柄传动，但是该项专利所有

詹姆斯·瓦特发明的蒸汽机

人，约翰·斯蒂德要求同时分享瓦特此前的分离冷凝器的专利，这一要求被瓦特坚决地拒绝了。1781 年，瓦特公司的雇员威廉·默多克发明了一种称为"太阳与行星"的曲柄齿轮传动系统，并以瓦特的名义成功申请了专利。这一发明绕开了曲柄专利的限制，极大地扩展了蒸汽机的应用。

之后的 6 年里，瓦特又对蒸汽机作了一系列改进并取得了一系列专利：发明了双向汽缸，使得蒸汽能够从两端进出从而可以推动活塞双向运动，而不是以前那样只能单向推动；使用节气阀门与离心节速器来控制气压与蒸汽机的运转；发明了一种气压示工器来指示蒸汽状况；发明了三连杆组保证汽缸推杆与气泵的直线运动。由于担心爆炸的危险以及泄漏问题，瓦特的早期蒸汽机都是使用低压蒸汽，后来才引进了高压蒸汽。所有这些革新结合到一起，使得瓦特的新型蒸汽机的效率是过去的纽科门蒸汽机的 5 倍。1794 年，瓦特与博尔顿合伙组建了专门制造蒸汽机的公司。

• 瓦特晚年

瓦特在半退休之前也有很多其他发明，比如他发明了一种新的利用望远镜测距的方法，一种新的透印印刷术，对油灯进行了改进，蒸汽碾轧机以及延续至今的机械图纸着色法。1800 年瓦特的专利与博尔顿的合作到期，他于同年退休。但他们的合作延续到下一代，马修·博尔顿与小詹姆斯·瓦特继续合作，同时吸收了威廉·默多克为合伙人，保证了公司的持续成功。瓦特退休后曾与他的第二任妻子到法国与德国旅行，并且在威尔士购买了一所住宅。1819 年 8 月 25 日，83 岁的瓦特于英国斯塔福德郡汉兹沃斯的家中去世。

• 性格简析

瓦特心思细腻，做事动作迟缓并且非常容易焦虑。他常常会灰心丧气。他会将工作放到一边，感觉好像要彻底放弃了，但他的想象力丰富，总是能想到新的改进方法，以至于很多时候都来不及一一完成。瓦特的动手能力很强，并可以完成系统的科学的测定，以量化自己的革新效果，帮助自己的理解。瓦特是一个绅士，为其他工业革命时期的知名人士所尊重。他是伯明翰工业家与科学家组织的"月亮社"的重要成员，总是对新的领域表现出极大的兴趣，被认为是很好的社交伙伴。但他对商业经营基本一窍不通，特别讨厌与那些有兴趣使用他的蒸汽机的人讨价还价或谈判合同。直到他退休时，他都一直对自己的财务状况感到不安。他的合作者与朋友都是些意气相投的伙伴并能保持长久的友谊。

伦敦科学博物馆内的詹姆斯·瓦特的工作室

• 历史贡献

对蒸汽机的重要性无论怎样估计都不为过分。当然在工业革命中出现了许多其他发明，如在采矿、冶炼和许多工业机械等方面都有所发明。其中的几项发明如滑轮梭子（约翰·凯，1733 年）和勒尼纺纱机（詹姆斯·哈格瑞夫斯法，1764 年）皆出在瓦特着手之前。其他发明中的大多数只代表了小改小革，没有哪一项能单独地对工业革命起举足轻重的作用。然而蒸汽机则不同，它起着关键性的作用，没有它，工业革命就会面目全非。在它之前虽然风车和水轮有一定的用途，但是主要的动力源一向是人的肌体，这个因素严重地限制了工业生产力。随着蒸汽机的发明，这条限制消除了。现在有了可供生产使用的巨大能量，生产也就随之有了巨大的增长。1973 年禁运石油使我们认识到缺乏能量会多么严重地阻碍工业的发展，这个经历会使我们粗浅地认识到瓦特的发明对工业革命的重要意义。

蒸汽机除了作为工厂动力来源外，还有许多其他重要的应用。1783 年马贵斯·朱费罗伊·达班斯成功地使用蒸汽机驱动船的航行。1804 年理查德·特利维西克制造出第一台蒸汽机车。不过这两种机型从经济上来看都不是成功的。然而数十年之内，轮船和铁路使水陆交通都发生了革命。

63

莱特兄弟 ›

莱特兄弟指的是奥维尔（1871年8月19日—1948年1月30日）和威尔伯（1867年4月16日—1912年5月30日）这两位美国人。世人一般认为他们于1903年12月17日首次完成完全受控、附机载外部动力、机体比空气重、持续滞空不落地的飞行，并因此将发明了世界上第一架实用飞机的成就归功给他们。

威尔伯·莱特（左）和奥维尔·莱特（右）

• 天才降生

　　莱特兄弟是美国俄亥俄州人，父亲是一个牧羊人，母亲是一位音乐教师。威尔伯·莱特生于 1867 年 4 月 16 日，他的弟弟奥维尔·莱特生于 1871 年 8 月 19 日，他们从小就对机械装配和飞行怀有浓厚的兴趣。还在幼年时代，威尔伯·莱特和奥维尔·莱特就受到托斯顿·维布伦所说的"劳动天性"的影响。父亲米尔顿·莱特常在这方面鼓励他们，而从不指责他们把身上仅有的一点儿零用钱花在买工具、材料上的癖好。他还敦促孩子们尽量多挣钱来弥补他们创造性劳动所需要的开销。他常对孩子说："人们需要钱，是为了让他不成为别人的负担，有了这些钱那就足够了。"

　　莱特兄弟几乎在懂事的时候就对机械产生了浓厚的兴趣。成年后的奥维尔每当向别人回忆自己童年生活时，讲的几乎都是与机械设计有关的故事。他常常津津乐道地回忆起在他 5 岁生日那天，在一大堆生日礼物中，他首先看中了一只回旋陀螺，尽管它支撑在刀形支撑的刃口上，但仍能够保持自身的旋转和平衡。

　　莱特兄弟从小就对机械有着天生的爱好，喜欢拆拆弄弄。他们尤其对一些旧时钟、磅秤感兴趣。不过威尔伯比奥维尔长 4 岁，威尔伯常常与自己年龄相仿的男孩子们交往。奥维尔也有自己的好友。在家里，两兄弟自然玩在一块了。玩些什么呢？奥维尔当然是全听哥哥的。威尔伯常将街道上的破铜烂铁搬回家"研究"，奥维尔则跑前跑后，呼哧呼哧地用了自己吃奶的劲，帮哥哥将这些"宝贝"搬回家里后院的小仓库。

　　1878 年 6 月，当奥维尔 7 岁、威尔伯 11 岁时，由于父亲被选为基督教联合兄弟派教会的主教，他们一家从俄亥俄州的代顿市搬到了依阿华州的锡德腊皮兹市，住在该市的亚当街。

• 蝴蝶的触动

1878 年，莱特一家搬家时，17 岁的大哥路易和 15 岁的洛林都已读高中。他们没有转学，仍然留在代顿市。

莱特一家刚搬到新居不久就发生了一件事情。这件事不但对威尔伯和奥维尔未来的生活有着巨大的影响，而且对全人类都有着深远的意义。1878 年的圣诞节莱特兄弟的爸爸给他们带回了一个"蝴蝶"玩具，爸爸告诉他们，这是飞螺旋，能在空中高高地飞去。"鸟才能飞呢！它怎么也会飞！"威尔伯有点怀疑，爸爸当场做了表演。只见他先把上面的橡皮筋扭好，一松手，它就发出呜呜的声音，向空中高高地飞去。兄弟这才相信，除了鸟、蝴蝶之外，人工制造的东西也可以飞上天。于是，弟兄俩便把它拆开了，想从中探索一下它为何能飞上天去。

从这以后，在他们的幼小心灵里，就萌发了将来一定制造出一种能飞上高高蓝天的东西。这个愿望一直影响着他们。1884 年 6 月，莱特主教的工作从里奇曼迁回代顿市，他们全家又再一次搬回了老家，搬回了早先在霍索恩街买下的那座有七个房间的简朴房屋里。这时老大路易和老二洛林早从代顿市高中毕业，到印第安纳州上大学去了。威尔伯·莱特全家人如果再晚几天回代顿市的话，威尔伯就可以从里奇曼的中学毕业，与全班同学一起

参加毕业典礼，拿到一张中学毕业文凭。1889年7月4日，也就是他们回到代顿市的4周年，莱特兄弟的母亲苏珊终于油尽灯枯，撇下未成年的孩子，匆匆离开人世。好长一段时间，莱特兄弟俩都无法驱散心中的悲戚，他们永远怀念善良、聪明的母亲！

为了改善家庭设施和环境，威尔伯和奥维尔一次又一次地努力着。

兄弟俩先埋头画好图样，又四处寻找

修缮房屋的材料，并承担所有房子加工的车床活。他们不仅很快修建起一个舒适的前廊，并用花卉点缀走廊的两侧，而且还重新装修室内，改变房间的布置。使整日在外忙碌教会事务、经常在外工作的莱特主教一回家，顿感赏心悦目，深深感谢儿子对自己的关心。他们的妹妹卡特琳娜这时已进入奥柏林大学就读，虽说失去母亲的家庭不免冷清，然而莱特兄弟不断以实际行动为这个家贡献自己的力量。

• 1903年人类飞上天空

　　奇迹发生在 1903 年 12 月 17 日!

　　这天清晨,美国北卡罗来纳州的基蒂霍克还在沉睡,天气寒冷,刮着大风,空旷的沙滩上静静地停放着一个带着巨大双翼的怪家伙,这就是人类历史上第一架飞机——"飞行者 1 号"。空旷的场地上冷冷清清,到现场观看的只有 5 个人。10 时 35 分,一切准备就绪。为了能够率先登机试飞,兄弟俩决定以掷硬币的方式确定谁先登机,结果弟弟奥维尔赢了。

　　奥维尔爬上"飞行者 1 号"的下机翼,俯卧于操纵杆后面的位置上,手中紧紧握着木制操纵杆,威尔伯则开动发动机并推动它滑行。飞机在发动机的作用下先是剧烈震动,几秒钟后便在自身动力的推动下从"斩魔丘"上缓缓滑下,在飞机达到一定速度后,威尔伯松开手,飞机像小鸟一样离地飞上了天空。虽然"飞行者一号"飞得很不平稳,甚至有点跌跌撞撞,但是它毕竟在空中飞行了 12 秒共 36.5 米才落在沙滩上。接着,他们又轮换着进行了 3 次飞行。在当天的最后一次飞行中,威尔伯在 30 千米的风速下,用 59 秒飞了 260 米。人们梦寐以求的载人空中持续动力飞行终于成功了! 不幸的是,几分钟后,一阵突然刮来的狂风把"飞行者 1 号"掀翻了,飞机严重损坏,但它已经完成了历史使命。人类动力航空史就此拉开了帷幕。

　　然而,令人遗憾的是莱特兄弟的成功并没有立即得到美国政府和公众的重视与承认,人们甚至怀疑这一消息的真实性,大多数报纸拒绝报道。

69

博物馆里的复制品

• "飞行者1号"

　　"飞行者1号"是一架普通双翼机，它的两个推进式螺旋桨分别安装在驾驶员位置的两侧，由单台发动机链式传动。操纵系统采用升降舵在前、方向舵在后的鸭式布局，这也正是莱特兄弟对航空事业的最伟大的贡献所在。德国工程师李林达尔必须移动自己的身体，靠改变重心来操纵飞行器飞行，而"飞行者1号"的驾驶员则通过机械装置使整个翼尖卷曲来达到同样的目的。飞机的爬升和俯冲到安装在飞机前部的一对双翼式升降舵；一对方向舵与机翼卷曲机构连接在一起，安装在驾驶员身后。现代飞机转弯和做机动动作的主要部件都可以从这第一架飞机上找到，尽管它是那么原始。"飞行者1号"再没有重返蓝天，现在，它的复制品被珍藏在华盛顿国家航空航天博物馆内。

　　1904—1905年，莱特兄弟又相继制造了"飞行者2号"和"飞行者3号"。1904年5月26日，"飞行者2号"进行了第一次试飞。1905年10月5日，"飞行者3号"进行了一次时间最长的试飞，飞了38.6千米，留空时间最长达38分钟——这说明莱特兄弟的飞机已经较好地解决了平衡和操纵问题。1906年，莱特兄弟在美国的飞机专利申请得到承认。

70

• 航空商业事业

然而，所有这些仍没有引起新闻界的真正重视，他们将这一发明在马厩里存放了两年。最终还是美国军方意识到了它的强大潜力。1908年初，当莱特兄弟制造第6架飞机成功之际，美国陆军部表示愿意观看他们的一次飞行表演。此时，法国也愿意购买他们的专利。1908年8月8日，在法国巴黎附近的勒芒赛马场，威尔伯驾驶"莱特A型"飞机围着赛马场在空中飞行了一分半钟，飞行高度为10米，令在场观众惊叹不已。这个消息很快通过电报传到了世界各地。《伦敦每日镜报》惊呼那架飞机是"迄今制造的最神奇的飞行器"。

此后，威尔伯又做过几次飞行，其中有一次，他把法国经纪人的夫人也带上飞机，在空中飞行了2分3秒——法国沸腾了。一时间，颁奖、授勋络绎不绝。欧洲一些企业家也开始争相购买他们的专利。整个8月，威尔伯在法国进行了100多次飞行表演，在欧洲掀起了航空热潮。

同时，在美国情况也十分理想：奥维尔在美国迈耶堡阅兵场周围飞行了55圈，创造了连续飞行1小时的世界飞行纪录。奥维尔还做了从弗吉尼亚州迈尔斯堡起飞、穿越华盛顿波托马克河的飞行表演，拥挤不堪的人群为之欢呼雀跃。

1908 年，莱特兄弟在巴黎、伦敦和华盛顿赢得了很多荣誉，美国总统塔夫脱称赞"这对杰出的美国兄弟全身心地投入了飞机制造事业"。至此，莱特兄弟声名大振。

1909 年 3 月，美国陆军部正式向莱特兄弟订货。莱特兄弟在飞机上增加了专为瞭望员和机枪手准备的特别座位，为飞机应用于军事奠定了基础。1907 年 7 月 30 日，莱特兄弟向陆军部交付了第一架军用飞机。他们还帮助训练了第一批军事飞行员。这架飞机现陈列在华盛顿的国家航空航天博物馆。

接着，许多国家的政府也开始飞机的研制。莱特兄弟于是组建了莱特飞机公司（即莱特公司），并签订了在法国建立飞机公司的合同。但是作为生意人，他们很快发现自己在市场开发上缺乏经验。飞机设计方面的竞争对手很快"参考"了他们的技术，对手们制造的飞机在性能上很快走在了他们的前面。

• 两位伟人长眠

1911年，威尔伯染上了伤寒，并于1912年5月30日去世。奥维尔性格腼腆，不善于抛头露面，3年后他把公司卖给了纽约的一个金融家，自己则在位于戴顿的一所住宅里度过了后半生。1948年，当这位77岁的飞机发明者即将离开人世时，仍然向往着高飞蓝天。1947年的冬天，气候异常寒冷，奥维尔大部分时间是卧病在床，虽经医生尽心诊治，但毕竟已有77岁的高龄，终于在1948年1月30日与世长辞。

航空界一颗巨星殒落了。美国举国上下一片悲哀，许多国家悬挂半旗志哀。人们深深地怀念这位航空史上伟大的先驱者和发明家！

莱特兄弟纪念碑

托马斯·阿尔瓦·爱迪生 〉

托马斯·阿尔瓦·爱迪生，美国电工学家、企业家，拥有众多重要的发明专利，被传媒授予"门罗公园的奇才"称号的他，是历史上第一个发明家利用大量生产原则和工业研究实验室来生产发明专利的人。他拥有超过2000项发明，包括对世界极大影响的留声机、电影摄影机、钨丝灯泡等。在美国，爱迪生名下拥有1093项专利，而他在英国、法国、德国等地的专利数累计超过1500项。他是有史以来最伟大的发明家，迄今为止，在世界上也没有一个人打破由他所创造的专利数世界纪录。

爱迪生也是一位伟大的企业家，1879年，爱迪生创办"爱迪生电力照明公司"，1880年，白炽灯上市销售，1890年，爱迪生已经将其各种业务组建成为爱迪生通用电气公司。1891年，爱迪生的细灯丝、高真空白炽灯泡获得专利。1892年，汤姆·休斯顿公司与爱迪生电力照明公司合并成立了"通用电气公司"，开始了通用电气在所有电气领域中长达一个世纪的统治地位。

电话和电报"是扩展人类感官功能的一次革命";留声机是改变人们生活的三大发明之一,"从发明的想象力来看,这是他极为重大的发明成就"。到这个时候,人们都称他为"门罗公园的魔术师"。

爱迪生在发明留声机的同时,经历无数次失败后终于对电灯的研究取得了突破,1879年10月22日,爱迪生点燃了第一盏真正有广泛实用价值的电灯。为了延长灯丝的寿命,他又重新试验,试用了6000多种纤维材料,才找到了新的发光体——日本竹丝,可持续1000多小时,达到了耐用的目的。从某一方面来说,这一发明是爱迪生一生中达到的登峰造极的

• 重大发明

1876年,爱迪生在新泽西州的门罗公园,成立了他的实验发明中心,就是我们一般所说的"爱迪生发明工厂"。这里拥有精密的设备仪器,还有一批才华卓越的各类专家。1876年到1887年间,这一群以爱迪生为首的科学家在这里进行系统的、复杂的、品类繁多的科学研发工作。如果把爱迪生在门罗公园的创造发明列成一张表格,恐怕那张表格会从桌上一直延伸到地板上,里面的项目很多是我们陌生难懂的,但是也有很多与我们的生活息息相关。

1877年,爱迪生改进了早期由贝尔发明的电话,并使之投入了实际使用。他还发明了他心爱的一个项目——留声机。

成就。接着，他又创造一种供电系统，使远处的灯具能从中心发电站配电，这是一项重大的工艺成就。

他在纯科学上第一个发现是在 1883 年。试验电灯时，他观察到他称之为爱迪生效应的现象：在点亮的灯泡内有电荷从热灯丝经过空间到达冷板。爱迪生在 1884 年申请了这项发现的专利，但并未进一步研究。而别的科学家利用爱迪生效应研究并发展了电子工业，尤其是无线电和电视。爱迪生又企图为眼睛做出留声机为耳朵做出的事，电影摄影机即产生于此。

第一次世界大战期间，他研制出鱼雷机械装置、喷射器、水底潜望镜。

• 在自家的木棚里开始了他最初的实验

爱迪生从小就喜欢用他那与众不同的脑袋思考一连串的问题。他看到铁匠将铁在熊熊的烈火中烧红，然后锤打成各式各样的工具时，就晃着脑袋提出一仪一个问题：火是什么东西？火为什么会燃烧？火为什么是红的？火为什么这么热？铁在火中被烧之后为什么会发红？铁红了为什么就软了？回到家，小爱迪生在自家的木棚里开始了他最初的实验。他抱来干草，并将其点燃，他想弄明白火究竟是什么。然而，小爱迪生的第一次实验就引来了一场火灾，将家中的木棚烧掉了。

• 用极少的时间办更多的事情

"浪费，最大的浪费莫过于浪费时间了。"爱迪生常对助手说。"人生太短暂了，要多想办法，用极少的时间办更多的事情。"

一天，爱迪生在实验室里工作，他递给助手一个没上灯口的空玻璃灯泡，说："你量量灯泡的容量。"他又低头工作了。

过了好半天，他问："容量多少？"他没听见回答，转头看见助手拿着软尺在测量灯泡的周长、斜度，并拿已测得的数字伏在桌上计算。他说："时间，时间，怎么费那么多的时间呢？"爱迪生走过来，拿起那个空灯泡，向里面斟满了水，交给助手，说："把里面的水倒在量杯里，马上告诉我它的容量。"

助手立刻读出了数字。

爱迪生说："这是多么容易的测量方法

啊，它又准确，又节省时间，你怎么想不到呢？还去算，那岂不是白白地浪费时间吗？"

助手的脸红了。

爱迪生喃喃地说："人生太短暂了，太短暂了，要节省时间，多做事情啊！"

爱迪生为了搞实验，往往连续几天不出实验室，不睡觉。实在累得不行了，就用书当枕头在实验桌上打个盹。有一天，他的朋友开玩笑说："怪不得爱迪生懂得那么多的发明，原来他连睡觉都在吸收书里的营养。"

• 无法想象的事是没有的

在研究有声电影时，爱迪生就已经试探性地着手了一项他从未接触过的巨大事业。1891年，他发明了"爱迪生选矿机"，开始自行经营采矿事业。不幸的是，这项工程为爱迪生造成了很大亏损。然而，虽说采矿事业失败了，但它成为爱迪生迎合国家需要的典型例证。亨利·福特曾经表示，他的大规模生产原理就是从爱迪生的粉矿厂布局中获得启发的。

爱迪生从筛矿厂回来，一方面从事水泥的制造，一方面研制新蓄电池。他一日一夜就绘制出新水泥厂的图样，设计十分周全，其后10年没有重大增补。他在兴建水泥厂时，制成了原料机、加细碾机，设计了长窑，1909年获得专利权。1910年爱迪生水泥公司居全国第5位。爱迪生制造蓄电池时也同发明电灯一样，常常是彻夜不眠，试验5个多月达9000余次。制成后他在西奥兰治3英里外设厂进行生产，颇受欢迎。

• 野蜂窝里有什么奥秘

由于爱迪生对许多事情感兴趣，他经常碰到危险。一次，他到储麦子的房子里，不小心一头栽到麦囤里，麦子埋住了脑袋，动也不能动了。他差一点死去，幸亏被人及时发现，抓住爱迪生的脚把他拉了出来。还有一次，他掉进水里，结果像落汤鸡一样被人拉了上来，他自己也受惊不小。他4岁那年，想看看篱笆上野蜂窝里有什么奥秘，就用一根树枝去捅，脸被野蜂蜇得红肿，几乎连眼睛都睁不开了。

• 忘记了自己名字的人

在埋头于研究的某一天，他到税务局去纳税。在长长的队列里排队等候时，他头脑还满是关于研究的事，叫到他的名字时他都没反应。正好旁边一熟人告诉他："你的名字不是叫托马斯·爱迪生吗？"可他却说："我在哪儿听到这个名字。哦！对了，这不是我的名字吗？"对于这件事，他回忆说："那时虽然只不过3秒钟，可是即使有人说要我的命，我也无法想起自己的名字来。"

• 临终遗言

在许多正式的文件之中也都有着这样明确的记载：当爱迪生弥留之际，医生和爱迪生的许多亲友都围坐在他的床前，眼看他的呼吸已越来越微弱，心脏终于停止了跳动。可就在医生要宣布他死亡之际，他却突然又坐了起来，说了一句很奇怪的话："真是想不到——那边竟是如此的美丽……"讲完之后，他才算正式地死亡了。这件事一直是个谜，虽然在很多正式的文件中都有记录，但一直没有人能解透这个谜。倪匡的卫斯理小说《头发》中也解释过这件事。

查尔斯·罗伯特·达尔文 ＞

查尔斯·罗伯特·达尔文，英国生物学家，进化论的奠基人。曾乘"贝格尔"号舰作了历时5年的环球航行，对动植物和地质结构等进行了大量的观察和采集。出版《物种起源》这一划时代的著作，提出了生物进化论学说，从而摧毁了各种唯心的神造论和物种不变论。除了生物学外，他的理论对人类学、心理学、哲学的发展都有不容忽视的影响。恩格斯将"进化论"列为19世纪自然科学的三大发现之一。

• 求学之路

1825 年达尔文 16 岁时便被父亲送到爱丁堡大学学医。

因为达尔文无意学医，所以进到农学院后，他仍然经常到野外采集动植物标本并对自然历史产生了浓厚的兴趣。父亲认为他"游手好闲"、"不务正业"，一怒之下，于 1828 年又送他到剑桥大学，改学神学，希望他将来成为一个"尊贵的牧师"，这样，他可以继续他对博物学的爱好而又不至于使家族蒙羞，但是达尔文对自然历史的兴趣变得越加浓厚，完全放弃了对神学的学习。在剑桥期间，达尔文结识了当时著名的植物学家 J. 亨斯洛和著名地质学家席基威克，并接受了植物学和地质学研究的科学训练。

• 谨慎的婚姻

对于婚姻大事，达尔文也有着科学家的谨慎。他拿了一张纸，中间画条线，线的一边写结婚的好处，另一边写单身的好处。达尔文感叹不结婚太孤单，然后连写三个"结婚"——证明完毕，必须结婚。

达尔文显然是个性格温和的人，喜欢和女人闲聊，他就是要找传统的贤妻良母。他并不是没有别的选择。朋友家的三个女儿，个个博学聪明，能跟他辩论哲学和科学，更能容纳他的怀疑论。

他找上了从小认识的表姐爱玛·韦奇伍德。爱玛比达尔文大1岁，她的父亲是达尔文舅舅。爱玛一口答应达尔文的求婚——这个爱听女人唠叨的男人，女孩子似乎都把他当作理想丈夫。虽然爱玛担心死后会和丈夫永远分手，她将上天堂，不拜上帝的丈夫则不知去何方，她也只是要求达尔文对信仰保持开放心态。两个半月后，他们就结婚了。

女儿安妮的去世未能摧毁达尔文的婚姻。在爱玛的时代，女儿安妮的病故很容易被认作对自己"不道德"行为的惩罚，比如说，嫁了一个不信上帝的男人。但爱玛从未如此认为。两人都深爱安妮。眼见安妮停止呼吸，达尔文自己也病倒在床。他对爱玛说：我们更要互相珍重。爱玛答道：你要记住，你永远是我最珍贵的宝藏。每到周日，他陪着爱玛和孩子走到教堂。妻子带孩子进去做礼拜，达尔文却孤身在镇中散步。

爱玛未必同意《物种起源》中自然选择的观点，或许她都未必感兴趣。但也正因为如此，爱玛可以代表当时的未受过科学教育的信教大众，对《物种起源》手稿作出第一反应。爱玛仔细阅读了手稿，改正拼写，改正标点，并建议达尔文将一些容易刺激信徒和教会的段落写得语气温和一些，论据更清楚一些。

如果当初不结婚的那一栏里理由再多一些，如果达尔文保持单身，继续生活在伦敦的知识分子中间，如果不是和爱玛结婚，他很可能写出一本较为激烈的书。由于爱玛的参与，对书中观点的争论，多少能摆脱感情的羁绊，而集中于事实和逻辑。

《物种起源》出版于1859年。12年后，达尔文又出版了《人类的由来》一书。不管人猿同源如何有争议，《人类的由来》一书，显然对达尔文夫妻的感情毫无影响。这本书出版后不久，他们存活下来的最大的女孩子埃蒂嫁人了。达尔文告诉她：我有一个幸福的人生，这要完全归功于你的母亲——你应以母亲为榜样，你的丈夫将会爱你有如我爱你的母亲。

达尔文早于爱玛14年去世。有一个传说，说他在去世前皈依了信仰。或许，是为了安慰爱玛的天堂不得相见的悲伤？没有这回事。在爱玛的日记里，未曾发现此类记录。达尔文至死是一个坚持自己立场的科学家。

83

• 创立进化论

1831 年毕业于剑桥大学后，达尔文的老师亨斯洛推荐他以"博物学家"的身份参加同年 12 月 27 日英国海军"小猎犬"号舰环绕世界的科学考察航行。先在南美洲东海岸的巴西、阿根廷等地和西海岸及相邻的岛屿上考察，然后跨太平洋至大洋洲，继而越过印度洋到达南非，再绕好望角经大西洋回到巴西，最后于 1836 年 10 月 2 日返抵英国。他在随"小猎犬"号环球旅行时，随身带了几只鸟，为了喂养这些鸟，又在船舱中种了一种叫草芦的草。船舱很暗，只有窗户透射进阳光，达尔文注意到，草的幼苗向窗户的方向弯曲、生长。但后来几十年间，达尔文忙着创建进化论，直到其晚年，才着手进行一系列实验研究向光性的问题，在 1880 年出版的《植物的运动力》一书中总结了这些实验结果。达尔文是用草的种子做这些实验的。

草的种子发芽时，胚芽外面套着一层胚芽鞘，胚芽鞘首先破土而出，保护胚芽在出土时不受损伤。达尔文发现胚芽鞘是向光性的关键。如果把种子种在黑暗中，它们的胚芽鞘将垂直向上生长。如果让阳光从一侧照射秧苗，胚芽鞘则向阳光的方向弯曲。如果把胚芽鞘尖端切掉，或用不透明的东西盖住，虽然光还能照射胚芽鞘，胚芽鞘也不再向光弯曲。如果是用透明的东西遮盖胚芽鞘，则胚芽鞘向光弯曲，而且即使用不透光的黑色沙土掩埋胚芽鞘而只留出尖端，被掩埋的胚芽鞘仍然向光弯曲。达尔文推测，在胚芽鞘的尖端分泌一种信号物质，向下输送到会弯曲的部分，是这种信号物质导致了胚芽鞘向光弯曲。

这次航海改变了达尔文的生活。回到英格兰后，他一直忙于研究，立志成为一个促进进化论的严肃的科学家。1838 年，他偶然读了 T. 马尔萨斯的《人口论》，从中得到启发，更加确定他自己正在发展的一个很重要的想法：世界并非在一周内创造出来的，地球的年纪远比《圣经》所讲的老得多，所有的动植物也都改变过，而且还在继续变化之中，至于人类，可能是由某种原始的动物转变而成的，也就是说，亚当和夏娃故事根本就是神话。达尔文领悟到生存斗争在生物生活中意义，并意识到自然条件就是生物进化中所必须有的"选择者"，具体的自然条件不同，选择者就不同，选择的结果也就不相同。

然而，他对发表研究结果抱着极其谨慎的态度。1842 年，他开始撰写一份大纲，后将它扩展至数篇文章。1858 年，出于年轻的博物学家 R. 华莱士的创造性顿悟的压力，加之好友的鼓动，达尔文决定把华莱士的文章和他自己的一部分论稿呈交专业委员会。1859 年，《物种起源》一书问世，初版 1250 册当天即告售罄。以后达尔文费了 20 年的时间搜集资料，以充实他的物种通过自然选择进化的学说，并阐述其后果和意义。

作为一个不求功名但具创造性气质的人，达尔文回避了对其理论的争议。当宗教狂热者攻击进化论与《圣经》的创世说相违背时，达尔文为科学家和心理学家写了另外几本书。《人类的由来及性选择》一书报告了人类自较低的生命形式进化而来的证据、动物和人类心理过程相似性的证据及进化过程中自然选择的证据。

克罗马农人

尼安德特人

直立猿人

南方古猿

腊玛古猿

原上猿

詹姆斯·克拉克·麦克斯韦 〉

詹姆斯·克拉克·麦克斯韦，英国物理学家、数学家。科学史上，称牛顿把天上和地上的运动规律统一起来，是实现第一次大综合，麦克斯韦把电、光统一起来，是实现第二次大综合，因此应与牛顿齐名。1873年出版的《论电和磁》，也被尊为继牛顿《自然哲学的数学原理》之后的一部最重要的物理学经典。没有电磁学就没有现代电工学，也就不可能有现代文明。

1831年麦克斯韦生于苏格兰爱丁堡。他的智力发育格外早，年仅15岁时，就向爱丁堡皇家学院递交了一份科研论文。

他就读于爱丁堡大学，毕业于剑桥大学。麦克斯韦他成年时期的大部分时光是在大学里当教授，最后是在剑桥大学任教。他结过婚，妻子名叫凯瑟琳·克拉克·麦克斯韦，但没有孩子。

一般认为麦克斯韦是从牛顿到爱因斯坦这一整个阶段中最伟大的理论物理学家。

但麦克斯韦生前没有享受到他应得的荣誉，因为他的科学思想和科学方法的重要意义直到20世纪科学革命来临时才充分体现出来。然而他没能看到科学革命的发生。1879年11月5日，麦克斯韦因病在剑桥逝世，年仅48岁。他光辉的生涯就这样过早地结束了。那一年正好爱因斯坦出生。

YING XIANG SHI JIE JIN CHENG DE KE XUE JIA

• 求学生涯

1847年，麦克斯韦16岁，中学毕业，进入爱丁堡大学学习。这里是苏格兰的最高学府。他是班上年纪最小的学生，但考试成绩总是名列前茅。他在这里专攻数学、物理，并且显示出非凡的才华。他读书非常用功，但并非死读书，在学习之余他仍然写诗，如饥似渴地读课外书，积累了相当广泛的知识。在爱丁堡大学，麦克斯韦获得了攀登科学高峰所必备的基础训练。其中两个人对他影响最深，一是物理学家和登山家福布斯，一是逻辑学

和形而上学教授哈密顿。福布斯是一个实验家，他培养了麦克斯韦对实验技术的浓厚兴趣，一个从事理论物理的人很难有这种兴趣。他强制麦克斯韦写作要条理清楚，并把自己对科学史的爱好传给麦克斯韦。哈密顿教授则用广博的学识影响着他，并用出色的怪异的批评能力刺激麦克斯韦去研究基础问题。在这些有真才实学的人的影响下，加上麦克斯韦个人的天分和努力，麦克斯韦的学识一天天进步，他用三年时间就完成了四年的学业，相形之下，爱丁堡大学这个摇篮已经不能满足麦克斯韦的求知欲。为了进一步深造，1850年，他

征得了父亲的同意，离开爱丁堡，到人才济济的剑桥去求学。

赫兹是德国的一位青年物理学家。麦克斯韦的《电磁学通论》发表之时，他只有16岁。在当时的德国，人们依然固守着牛顿的传统物理学观念，法拉第、麦克斯韦的理论对物质世界进行了崭新的描绘，但是违背了传统，因此在德国等欧洲中心地带毫无立足之地，甚而被当成奇谈怪论。当时支持电磁理论研究的，只有波尔茨曼和赫尔姆霍茨。赫兹后来成了赫尔姆霍茨的学生。在老师的影响下，赫兹对电磁学

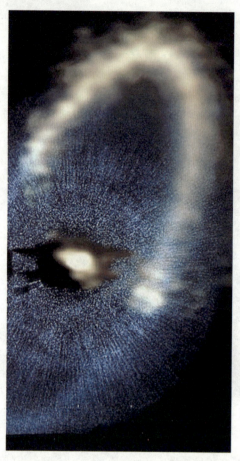

进行了深入的研究，在进行了物理事实的比较后，他确认，麦克斯韦的理论比传统的"超距理论"更令人信服。于是他决定用实验来证实这一点。1886 年，赫兹经过反复实验，发明了一种电波环，用这种电波环作了一系列的实验，终于在 1888 年发现了人们怀疑和期待已久的电磁波。赫兹的实验公布后，轰动了全世界的科学界，由法拉第开创、麦克斯韦总结的电磁理论，至此取得了决定性的胜利。麦克斯韦的伟大遗愿终于实现了。

• 科学研究

1847 年，麦克斯韦进入爱丁堡大学学习数学和物理；1850 年转入剑桥大学三一学院数学系学习，1854 年以第二名的成绩获史密斯奖学金，毕业留校任职两年；1856 年在苏格兰阿伯丁的马里沙耳任自然哲学教授；1860 年到伦敦国王学院任自然哲学和天文学教授；1861 年选为伦敦皇家学会会员。

1865 年春，麦克斯韦辞去教职回到家乡系统地总结他的关于电磁学的研究成果，完成了电磁场理论的经典巨著《论电和磁》，并于 1873 年出版。

1871 年，麦克斯韦受聘为剑桥大学新设立的卡文迪许试验物理学教授，负责筹建著名的卡文迪许实验室，1874 年建成后担任这个实验室的第一任主任，直到 1879 年 11 月 5 日在剑桥逝世。

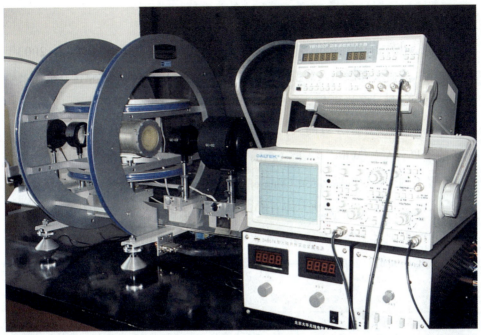
电磁学仪器

• 麦克斯韦突破

麦克斯韦早在 1849 年即在爱丁堡的福布斯实验室开始了色混合实验。在那个时候，爱丁堡有许多研究颜色的学者，除了福布斯、威尔逊和布儒斯特外，还有一些对眼睛感兴趣的医生和科学家。实验主要就是在于观察一个快速旋转圆盘上的几个着色扇形所生成的颜色。麦克斯韦和福布斯首先做出的一个实验是使红、黄、蓝组合产生灰色。他们的实验失败了，而其中的主要原因是：蓝与黄混合并不像常规那样生成绿色，而是当两者都不占优势时产生一种淡红色，这种组合加上红色不可能产生任何灰色。

麦克斯韦起初想到他的母校爱丁堡大学去谋职，因为他的老师福布斯已退职，需要一个自然哲学教授。同时应选的有三个人，校方决定用考试来决定录用谁。在笔试方面：麦克斯韦的学问理所当然是第一，但是在口才上，麦克斯韦则吃了亏。考试结果，麦克斯韦是最后一名，他的讲课能力实在太差了。当时甚至爱丁堡的一家杂志都发表评论文章，为爱丁堡大学失去这样一个人才而惋惜。不过被选上的人也不差，那就是他中学和大学的同学泰特。麦克斯韦离开阿伯丁，又因此离开家乡爱丁堡，他被聘为伦敦皇家学院的教授，妻子也一同前往。麦克斯韦于是开始了新的生活，在伦敦皇家学院，他完成了可以使他最终在物理学史上发射出光芒的电磁学理论。

郑奎飞 >

郑奎飞出生在中国温州,具有"东方犹太人"的血统和温州人的精神,他的那种敢闯敢拼、吃苦耐劳、永不言败的精神深深地感染着身边的人。美国出版的世界名人录《Who's who in the world》及英国出版的世界名人录《Men of Achievement》均收入他的条目。1997年9月—2000年12月郑奎飞担任国际英才杂志社社长兼总编辑,2001年1月—2003年6月参与人体冷冻复活技术研究,2003年6月—2004年10月在北京建立北京永生时代经济研究院并担任院长,2004年10月—2005年10月担任中国康复医学研究所(挂职)副所长,2006年3月至今担任中国医通、中国药通董事长、首席执行官。

郑奎飞,人称"天才小子",被誉为人类复活事业的倡导者、开拓者和心志复活成功学的创始人。新创办了中国网

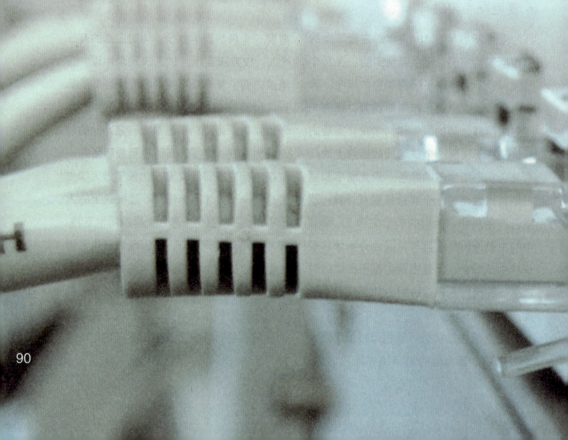

络"三通"：中国医通、中国药通、中国太通。先后荣获百度十大风云人物、中国十大网络红人、中国十大明星品牌价值排行第三名、新浪评选的2005年度十大争议科学话题的科学家之一、2005—2006年度全球"百佳中华儒商"荣誉称号、美国全球社会贡献奖、中华国际英才奖、"十大中华经济英才"特别奖。个人传记《郑奎飞传奇》由人民出版社2006年1月出版，是中国人物传记中最年轻的复合型天才。郑奎飞这位科学奇人是中国科学界的开天辟地型人物。郑奎飞说："人体复活科学计划是世界上继曼哈顿计划、阿波罗计划、人类基因组计划之后的第四大科学计划，它将成为人类历史上最伟大的科学计划。"除此之外，郑奎飞还提出一系列"郑式理论"："世界货币统一理论"、"消费资本力"经济学说、心志成功"五虎将"学说。

● 科学家的小故事

比上帝还挑剔的人——泡利的故事 〉

奥地利物理学家沃尔夫冈·泡利生于1900年，1958年去世。他是本世纪初一位罕见的天才，对相对论及量子力学都有杰出贡献，因发现"泡利不相容原理"而获1945年诺贝尔物理学奖。这个原理是他在1924年发现的，对原子结构的建立与对微观世界的认识有革命性的影响。

泡利在19岁时就写了一篇关于广义相对论理论和实验结果的总结性论文。当时距爱因斯坦发表"广义相对论"（1916年）才三年，人们认为他这么年轻却有如此独到的见解，所以震惊了整个物理学界，从此他一举成名了。

关于泡利的故事很多，他以严谨、博学而著称，同时也以尖刻和爱挑刺而闻名。据说在一次国际会议上泡利见到了爱因斯坦，爱因斯坦演讲完后，泡利站起来说："我觉得爱因斯坦不完全是愚蠢的。"

还有一次，在后来发现反质子的意大利物理学家塞格雷做完一个报告和泡利等离开会议室时，泡利对他说："我从来没有听过像你这么糟糕的报告。"当时塞格雷一言未发。泡利想了一想，又回过头对与他们同行的瑞士物理化学家布瑞斯彻说："如果是你做报告的话，情况会更加糟糕。当然，你上次在苏黎士的开幕式报告除外。"

另一次，泡利想去一个地方，但不知道该怎么走，一位同事告诉了他。后来这位同事问他，那天找到那个地方没有，他反而讽刺人家说："在不谈论物理学时，你的思路应该说是清楚的。"

泡利对他的学生也很不客气，有一次一位学生写了论文请泡利看，过了两天学生问泡利的意见，泡利把论文还给他说："连错误都够不上。"

但泡利被玻尔称作"物理学的良知"，因为他的敏锐和审慎挑剔使他具有一眼就能发现错误的能力。在物理学界还曾笑谈存在一种"泡利效应"——当泡利在哪里出现时，那儿的人不管做理论推导还是实验操作一定会出岔子。

而当泡利说"哦，这竟然没什么错"时，通常表示一种非常高的赞许。一则笑话说，泡利死后去见上帝，上帝把自己对世界的设计方案给他看，泡利看完后耸耸肩，说道："你本来可以做得更好些……"

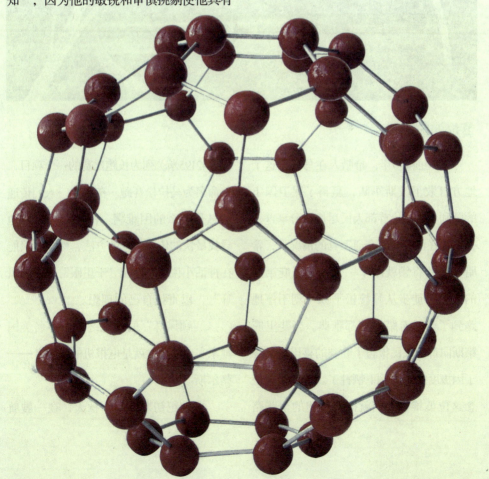

莫尔斯电码 ＞

公元前490年，希腊人在马拉松这个地方打败了波斯军队，赢得了保卫国土的胜利。为了让首都人民尽快地分享这一喜讯，在没有任何交通工具的情况下，希腊军队的将领就派了一个叫斐里庇第斯的士兵，徒步从马拉松平原一刻不停地跑到了当时希腊的首都雅典。当斐里庇第斯向首都人民报告了胜利的喜讯后，终于因极度疲劳而倒下牺牲了。为了永远纪念这位英雄，人们就把他所跑的全路路程（42195米）列为长跑比赛的一个项目，并命名为马拉松赛跑。在古代，人们传递信息是多么的困难啊。古代人们极力地寻找最快的传递信息的方法，然而，只能在神话小说里创造出"千里眼"和"顺风耳"，以寄托自己的理想。

"顺风耳"的理想终于由一名美国画家实现了，他就是电报机的发明者——莫尔斯。

19世纪初期的一个秋天，在一艘航

行的船上，一群旅客正围着一个名叫杰克逊的医生，听他讲述发明不久的电磁铁：一块马蹄形的、缠着导线的铁块，一通电就会产生吸引力；而电流一断，吸着的铁性物质便都掉了下来。大家都被这新鲜事吸引住了。当时莫尔斯也正好在场，他在感到好奇的同时，却比周围其他人想得更深、更远。他向杰克逊问了一个问题：电流在导线里流动的速度快不快（可见莫尔斯毫无电学知识）？当他知道电流的速度快得在几千千米长的电线里，一瞬间就能通过时，一个大胆而又新奇的想法在他头脑中出现了。

海轮上的巧遇改变了莫尔斯的生活道路。他放弃了自己心爱的绘画事业，开始了发明电报的艰苦研究工作。十多个春秋过去了，他终于获得了成功，利用电流一断一通的原理，发明了电报机和用点画表达信息的电码——"莫尔斯电码"，使通讯变得便利了。

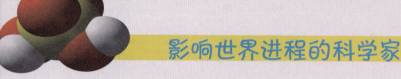

影响世界进程的科学家

第一个称量地球的人——卡文迪许 ＞

英国人卡文迪许是有史以来最伟大的实验科学家之一。他在力学、热学、电学、化学等领域都有划时代的贡献。100多年前，卡文迪许就用自己设计的扭秤推算出了地球密度是水密度的5.481倍（现在的数值为5.517），并计算出了地球的质量和万有引力常数。后人称他是"第一个称量地球的人"。

卡文迪许在科学上有那么多的贡献，可在生活上却被称作怪人。他腰缠万贯，但没有一件不掉扣子的衣服；他有一处宽大漂亮的住宅，却没有妻子儿女；他不善交际，见人会脸红，甚至连女仆也回避，因此还得罪过不少人。

一生俭朴的卡文迪许留下大笔遗产，其中一部分由他的家族在1871年捐赠给剑桥大学，剑桥大学用这笔钱建立了举世闻名的"卡文迪许实验室"。这个实验室对100多年来物理科学的进步作出了巨大的贡献，前后培养出诺贝尔奖金获得者26人。

YING XIANG SHI JIE JIN CHENG DE KE XUE JIA

把上帝赶出宇宙的拉普拉斯 〉

人类一直在思考自己生活的宇宙是如何形成的,直到200多年前才有一位叫康德的德国哲学家提出了第一个比较科学的太阳系形成假说,认为太阳系是由一团星云发展演化而成。当时很多人不相信这个星云之说,慢慢地也就遗忘了。50年以后,法国科学家拉普拉斯重新提出这个假设,并且从力学原理出发,用严密的数学推理证明了这个学说的科学性,进而带来了宇宙观的重大变革。

拉普拉斯

拉普拉斯出生在法国诺曼底的波蒙镇，小时候家境贫寒，靠邻居的帮助才完成学业。拉普拉斯有数学天赋，上大学期间深受教授们的赞赏。18岁大学毕业，由著名数学家达兰贝介绍到巴黎陆军学校担任数学教授。

长期以来，科学家一直受"太阳系如何形成"，"地球何以会绕太阳运转"这些问题的困扰，就连著名科学家牛顿也难以回答，最后只好求助神学，把运动的最终原因归于"上帝的第一推动"。拉普拉斯对宇宙形成问题进行了详细的研究，写下了《宇宙体系论》和《天体力学》两书。他认为太阳系是从一团原始星云中形成的，原始星云由于运动和质点相互吸引而形成原始火球，原始火球进一步收缩，并且由于吸引和排斥的综合作用，逐渐分化形成太阳系各行星，最后构成了现在的太阳系。他对太阳系的特点进行推算，深刻地解释了太阳系各行星的运动和轨道。他的学说逐渐为科学界所承认。

星云学说带来了宇宙观的变革，它指出宇宙是在自然界自身运动中发展产生的，将上帝驱逐出宇宙。当拿破仑问拉普拉斯为什么他的学说中没有上帝时，拉普拉斯自豪地说："我不需要那个假设。"这成为当时无神论者藐视上帝的名言。

为真理献身的布鲁诺 >

在科学发展史上，虽然没有真刀真枪的两军对垒，但确有人为真理献出了宝贵的生命。布鲁诺就是一个舍身成仁的天文学家。

布鲁诺出生在意大利的一个贫苦家庭，15岁进修道院，在那里他读了很多书。24岁成为牧师，并获得哲学博士学位。此后，他逐渐对宗教产生怀疑。他大胆地批判《圣经》，因而冒犯了罗马教廷，只好逃出意大利，到法国、英国等地宣传哥白尼的日心说，批判托勒密的地心说。他认为宇宙是无限的，在太阳以外，还有无数个类似的恒星系统。太阳不过是一个恒星系统的中心，而不是整个宇宙的中心。布鲁诺发展了哥白尼太阳中心说，把人类对天体的认识提高到一个新水平。

由于布鲁诺广泛宣传他的先进哲学思想，引起了罗马宗教裁判所的恐惧和仇恨。1592年，罗马教廷采用欺骗手段，把他骗回意大利，并立即逮捕。刽子手们使尽了种种威胁利诱手段，想让布鲁诺屈服，但他坚贞不屈地说："我半步也不退让。"经过8年的折磨，他被处以火刑。1600年2月17日，布鲁诺被烧死在罗马的

布鲁诺雕像

鲜花广场上。在生命的最后时刻，布鲁诺面对行刑的刽子手庄严宣布："你们对我宣读判词，比我听到判词还要恐惧！"布鲁诺被处死了，他的科学精神永存！1889年，人们在布鲁诺殉难的鲜花广场上竖立起他的铜像，永远纪念这位为科学献身的勇士。

"点石成金"——莫瓦桑发明人造金刚石的故事 ＞

金刚石作为一种稀有的贵重物品，自古以来就是财富的重要象征。可是，储量如此稀缺的金刚石，远远满足不了社会对它的巨大需求。渴望拥有金刚石的人往往会天真地想，要是有一天金刚石能成为大量存在的物品，那该多好！

1893年，法国科学院宣布了一条振奋人心的消息：法国化学家莫瓦桑研制出了人造金刚石！片刻间，这一爆炸性的特大喜讯传遍全法国，传遍全世界。人们轰动了，法国轰动了，世界轰动了！莫瓦桑一下成为新闻媒介的焦点，成为人们心目中巨额财富的生产者，在法国，甚至有人称他为"世界富翁"。

早在发明人造金刚石之前，莫瓦桑已经是法国一位颇负盛名的化学家了。1886年，莫瓦桑首先制取了单质氟。6年后，他又发明了高温电炉。不过，莫瓦桑并没有被鲜花和荣誉绊住前进的步伐，在科学的道路上，他仍旧一如既往地孜孜进取。

有一次，莫瓦桑准备进行一项化学实验，需要用一种镶有金刚石的特殊器具。这种器具非常昂贵，因此实验室里的

101

成分并了解它是怎样形成的。

翻阅了许多资料后，莫瓦桑了解到，金刚石的主要成分是碳。至于它是如何形成的，在这方面研究的成果很少，只有德布雷曾提出金刚石是在高温高压下形成的。

紧接着莫瓦桑想到，要人工制造金刚石，得有可供加工的原材料。选什么材料才合适呢？还从未有人做过这方面的尝试，看来，一切要靠自己摸索了。

有一回，有机化学家和矿物学家查理·弗里德尔在法国科学院作了一个关于

助手们倍加爱护。早上，莫瓦桑来到实验室，做好实验前的准备工作。这时，各项仪器都准备好了，却找不到那镶有金刚石的昂贵器具。奇怪，怎么会突然不见了呢？助手突然惊叫起来："啊？门好像被撬过了！莫非有小偷光顾？"莫瓦桑仔细一看，可不是，门锁很明显被人撬开过。进实验室前，谁也没有留意到。这么说，小偷看上那昂贵的金刚石了。

这桩意外使莫瓦桑萌生了一个念头："天然金刚石如此稀少而昂贵，如果能人工制造金刚石，该有多好！"可这谈何容易！作为化学家，莫瓦桑心里最清楚："点石成金"这不过是美好的神话。要想制造金刚石首先要弄清楚金刚石的主要

陨石研究的报告，莫瓦桑也参加了。在报告中，查理·弗里德尔说："陨石实际上是大铁块，它里面含有极多的金刚石晶体。"听到这儿，莫瓦桑猛地想到：石墨矿中也常混有极微量的金刚石晶体，那么，在陨石和石墨矿的形成过程中是否可以产生金刚石晶体呢？

想到这里，莫瓦桑头脑中出现了制取人造金刚石的设想。他对助手们说："金刚石的主要成分是碳。陨石里含有大量金刚石，而陨石的主要成分是铁。我们的实验计划是：把程序倒过去，把铁熔化，加进碳，使碳处在高温高压状态下，看能不能生成金刚石？"

历史上第一次人工制取金刚石的实验开始了。没有先例，没有经验，更没有别人的指点，一切都像在黑暗中探路一样。第一次失败了，认真总结经验，找出问题的症结所在，第二次再来……经过无数次的反复探索，莫瓦桑的实验室里终于爆发出一阵激动的欢呼声，大家紧紧地拥抱在一起：成功了！

从此，人造金刚石诞生了，并日益在社会生活中发挥它那坚不可摧的威力。

埃德蒙·哈雷的预言在他死后17年准确应验

埃德蒙·哈雷，出生于1656年的英国，20岁毕业于牛津大学王后学院。此后，他放弃了获得学位的机会，去圣赫勒纳岛建立了一座临时天文台。在那里，哈雷仔细观测天象，编制了第一个南天星表，弥补了天文学界原来只有北天星表的不足。哈雷的这个南天星表包括了381颗恒星的方位，它于1678年刊布，当时他才22岁。1680年，哈雷与巴黎天文台第一任台长卡西尼合作，观测了当年出现的一颗大彗星。从此他对彗星发生兴趣。

哈雷最广为人知的贡献就是他对一颗彗星的准确预言。哈雷在整理彗星观测记录的过程中，发现1682年出现的一颗彗星的轨道根数，与1607年开普勒观测的和1531年阿皮延观测的彗星轨道根数相近，出现的时间间隔都是75或76年。哈雷运用牛顿万有引力定律反复推算，得出结论认为，这三次出现的彗星，并不是三颗不同的彗星，而是同一颗彗星三次出现。哈雷以此为据，预言这颗彗星将于1759年再次出现。1759年3月，全世界的天文台都在等待哈雷预言的这颗彗星。3月13日，这颗明亮的彗星拖着长长的尾巴出现在星空中。遗憾的是，哈雷已

埃德蒙·哈雷雕像

于1742年逝世，未能亲眼看到。哈雷的计算，预测这颗彗星将于1835年和1910年回来，结果，这颗彗星都如期而至。这颗彗星就是今天几乎人人皆知的"哈雷彗星"。彗星的神秘性随之被打破。

此外，哈雷发现了恒星的自行，这又是一个重大发现。哈雷还提出利用金星凌日的机会，去测定日、地距离，为当时精确测定地球与太阳的距离提供了很好的方法。他还发现了月亮运动的长期加速现象，为精密研究地、月系的运动作了重要贡献。

林奈画像

统一动植物命名的林奈 >

18世纪之前，世界上成千上万的植物没有统一的名称，往往同一种植物有几个名称，或几种植物用同一个名称，这给研究植物带来很大困难。瑞典植物学家林奈（1707—1778）改变了这一混乱状况。他创立的"双名制命名法"（简称"双名法"），给每种植物起两个名称，一个是属名，一个是种名，连起来就是这种植物的学名，好像人有了姓和名一样，这个命名法直到现在仍在使用。

林奈从小受父亲的影响，喜爱奇花异草，他为自己开辟了一块空地，整日忙于移植野花野草，由于他神学课不及格升不了学，只得进皮鞋铺当学徒。但他对植物的兴趣没有减少，还是经常解剖小动物，到野外采集植物标本。一位叫罗斯曼的教师看中了林奈的才华和毅力，经常带他到自己家中看书，并给予指导。在罗斯曼老师的鼓励下，林奈终于在20岁时以优异的成绩考进瑞典隆德城大学，23岁便成为这所大学颇有名气的植物学教师。从此，他进入了向往已久的动植物研究领域。

1732年，林奈得到瑞典科学院的资助，独自一人骑马到瑞典北部的拉帕兰地区考察了5个月，采集了大量植物标本，其中100多种是前人没有记载的。林奈将考察结果整理成《拉帕兰植物志》一书，受到了植物学界的赞誉。为表彰他的功绩，瑞典科学院特意把当地产的一个植物属命名为"林奈木属"。

从1732年起，林奈留学荷兰，获得了医学博士学位。他周游了荷兰、英、法等国，系统整理了自己多年的考察资料，发表了许多著作，包括划时代巨著《自然系统》。在这部书中，他阐述了矿物的形成，植物的生长和生活及动物的生长生活的感觉。"双名法"在书中首次出现，从此驰名世界。

科学家的"艺术"

科学家善于逻辑推理,而艺术家则擅长形象思维,可以说,科学家和艺术家各自占据着一个互不相干的"独立王国"。然而,在科学技术日新月异的今天,人们却越来越真切地感到科学与艺术之间并不存在不可逾越的鸿沟,相反,它们常常奇妙地互相交融,互相补充。历史上"艺术化"的科学家比比皆是。众所周知,爱因斯坦是一位优秀的小提琴演奏家。牛顿也是位艺术家,尤擅长作诗。伽利略不仅是位杰出诗人,而且还是文笔犀利的文学评论家。开普勒是一名音乐家,在音乐上的造诣并不低于在科学上的成就。而集画家、雕塑家、药物学家、天文学家、武器制造家、发明家于一身的达·芬奇,既是个"科学化"的艺术家,而且也是个"艺术化"的科学家。物理学是最为抽象的学科之一,然而当代物理学家中的艺术天才却数不胜数。莫累·盖尔·曼恩是一位诗人,维克多·威斯考柏弗是钢琴家,罗伯特·威尔逊是一位雕塑家……他们还异口同声地声称:不论在科学还是在艺术上,解决问题的"过程"其实是大同小异的。

爱因斯坦与他的小提琴 〉

于20世纪两位物理学巨擘——"相对论"的开创者爱因斯坦和"量子论"的开创者普朗克他们的小提琴与钢琴二重奏已成为科学界的美谈。爱因斯坦是20世纪最杰出的科学家,音乐和物理伴随了他的一生。爱因斯坦儿时并没有显露出天赋,4岁还不大会说话,人们怀疑他是低能儿。上小学时,除了数学外,其他成绩很差。该校训导主任甚至对爱因斯坦的父亲断言:"你的儿子将是一事无成。"爱因斯坦第一次报考苏黎世工业大学名落孙山,后到阿劳中学补习一年,才考入该大学的师范系。然而,正是这么个"低能儿",终于成为20世纪最伟大的科学家,创立了震惊世界的"相对论"。在这一伟大科学理论的背后,音乐起了不可抹煞的作用。 爱因斯坦从小就受到良好的音乐教育,他的母亲让他学小提琴和钢琴,本意在于训练音乐技能,实际上她不自觉地为儿子安排了一个身、脑同步训练的最佳方案。音乐启迪了他的

108

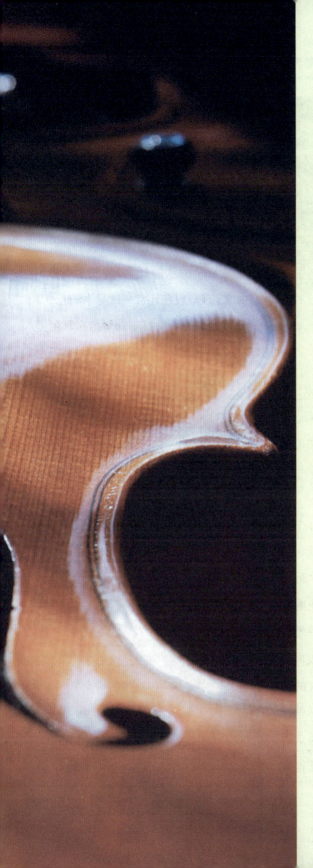

智力，为他打开了通向科学道路的大门。1912年8月的一个早晨，爱因斯坦喝完咖啡后走到钢琴前面开始弹琴，他时而弹几下，时而又停止，记下一些什么，接着他跟妻子说了一声："我有一个奇特的想法，"然后就钻进楼上的书房，一个多星期未曾下楼。当他下楼时，把几张稿纸在妻子眼前摊开，稿纸上尽是一些奇怪的公式符号。这就是后来震惊世界的"相对论"。爱因斯坦酷爱音乐而且造诣很深，在整个科学生涯中，他心爱的小提琴总是陪伴着他。他经常在科学研究的暇隙中坐在钢琴旁弹奏贝多芬的乐曲，或者拉起小提琴，以便消除一下精神的疲劳。他谙熟巴赫、海顿、莫扎特等大师的作品，善于在音乐的演奏中驰骋想象，从而获得灵感的启示。这大大地有助于他的科学研究。爱因斯坦说："在科学思维中，永远存在着音乐的因素，真正的科学和真正的音乐要求同样的思维过程。"又说，"我在科学上的成就，很多是由音乐启发的。"

钱学森雕像

钱学森与他的音乐家夫人 ＞

钱学森的夫人是著名的歌唱家，在中央音乐学院任声乐教授。钱学森、蒋英伉俪各自在科学与艺术领域的杰出贡献，深受世人仰慕崇敬，被称为科学与艺术完美的结合。

1999年蒋英教授执教40周年，中央音乐学院专门举办《艺术与科学》研讨会以示祝贺。钱老在书面发言中说："蒋英在声乐表演及教学领域耕耘，而我则在火箭卫星的研制发射方面工作——她在艺术，我在科技。但我在这里特别要向同志们说明：蒋英对我的工作有很大的帮助和启示，这实际上是文艺对科学思维的启示和开拓！在我对一件工作遇到困难而百思不得其解的时候，往往是蒋英的歌声使我豁然开朗，得到启示。

吹拉弹唱样样行的杂交水稻之父 ＞

德高望重的世界杂交水稻之父袁隆平，爱好十分广泛：游泳、拉小提琴、跳舞、打排球样样在行。

尽管终日与泥巴打交道，可他能把小提琴拉得如泣如诉，悠扬婉转。袁隆平还是一个游泳的好手，曾获全省男子自由泳亚军，现在还常一试身手。此外，袁隆平还有一项雷打不动坚持多年的爱好——打排球。每天下班之后，晚饭之

前, 一定会打半个小时。

每天早晨7点30分, 在大院里准能看到袁隆平快乐的身影。做广播体操是老人早晨必做的运动项目, 随着年龄的增长, 袁隆平对文体活动的热爱越来越深。袁隆平常说, 自己有着80岁的年龄, 50岁的身体, 30岁的心态, 更有20岁的肌肉弹性。兴致来了, 他会和年轻人一样跳交谊舞、拉小提琴, 没事的时候也常常和家人一起共同表演个小节目。

毕达哥拉斯

毕达哥拉斯的音乐耳朵 〉

古希腊学者毕达哥拉斯有一双敏锐的音乐耳朵。对于铁匠打铁的声音, 人们都习以为常, 并不觉得他们彼此之间有什么不同, 但他却听出了差别。有一天路过一家铁匠铺, 就听出这一家的敲击声比其他家更谐和悦耳。他量了量铁砧和铁锤的大小, 终于发现了音响的和谐与发声体存在一定比例关系的规律。

111

● 至高荣誉——科学奖项

诺贝尔奖 〉

诺贝尔奖是以瑞典著名的化学家、硝化甘油炸药的发明人阿尔弗雷德·贝恩哈德·诺贝尔的部分遗产（3100万瑞典克朗）作为基金创立的。诺贝尔奖分设物理、化学、生理或医学、文学、和平5个奖项，以基金每年的利息或投资收益授予前一年世界上在这些领域对人类作出重大贡献的人，1901年首次颁发。诺贝尔奖包括金质奖章、证书和奖金。1968年，瑞典国家银行（世界上最古老的中央银行）于成立300周年之际，提供资金增设诺贝尔经济奖（全称为瑞典中央银行纪念阿尔弗雷德·贝恩哈德·诺贝尔经济科学奖金，亦称纪念诺贝尔经济学奖，并于1969年开始与其他5项奖同时颁发。诺贝尔经济学奖的评选原则：是授予在经济科学研究领域作出有重大价值贡献的人，并优先奖励那些早期作出重大贡献者。

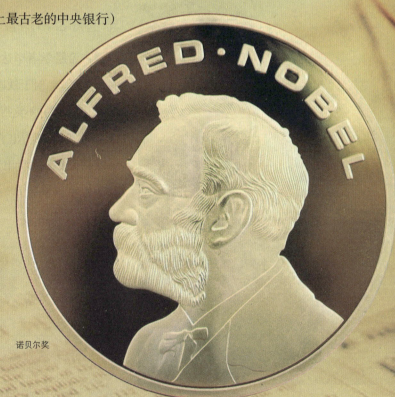

诺贝尔奖

YING XIANG SHI JIE JIN CHENG DE KE XUE JIA

• 诺贝尔遗嘱

诺贝尔在遗嘱中，把大约100万瑞典克朗赠予十多名亲友，余下部分（3100万瑞典克朗）用于设立诺贝尔奖，遗嘱中关于诺贝尔奖的内容如下：

我，签名人艾尔弗雷德·贝恩哈德·诺贝尔，经过郑重地考虑后特此宣布，下文是关于处理我死后所留下的财产的遗嘱：

在此我要求遗嘱执行人以如下方式处置我可以兑现的剩余财产：将上述财产兑换成现金，然后进行安全可靠的投资；以这份资金成立一个基金会，将基金所产生的利息每年奖给在前一年中为人类作出杰出贡献的人。将此利息划分为五等份，分配如下：

一份奖给在物理界有最重大的发现或发明的人；

一份奖给在化学上有最重大的发现或改进的人；

一份奖给在医学和生理学界有最重大发现的人；

一份奖给在文学界创作出具有理想倾向的最佳作品的人；

最后一份奖给为促进民族团结友好、取消或裁减常备军队以及为和平会议的组织和宣传尽到最大努力或作出最大贡献的人。

物理奖和化学奖由斯德哥尔摩瑞典科学院颁发；医学和生理学奖由斯德哥尔摩卡罗琳医学院颁发；文学奖由斯德哥尔摩文学院颁发；和平奖由挪威议会选举产生的5人委员会颁发。

对于获奖候选人的国籍不予任何考虑，也就是说，不管他或她是不是斯堪的纳维亚人，谁最符合条件谁就应该获得奖金，我在此声明，这样授予奖金是我的迫切愿望……

这是我唯一有效的遗嘱。在我死后，若发现以前任何有关财产处置的遗嘱，一概作废。

诺贝尔遗嘱全文

诺贝尔奖颁奖仪式

• 诺贝尔奖的颁发

    诺贝尔奖的发奖仪式都是下午举行，这是因为诺贝尔是 1896 年 12 月 10 日下午 4:30 去世的。为了纪念这位对人类进步和文明作出过重大贡献的科学家，在 1901 年第一次颁奖时，人们便选择在诺贝尔逝世的时刻举行仪式。这一有特殊意义的做法一直沿袭到现在。

    诺贝尔奖的奖金总是以瑞典的货币瑞典克朗颁发，每年的奖金金额视诺贝尔基金的投资收益而定，1901 年第一次颁奖的时候，每单项的奖金为 15 万瑞典克朗，当时相当于瑞典一个教授工作 20 年的薪金。1980 年，诺贝尔奖的单项奖金达到 100 万瑞典克朗，1991 年为 600 万瑞典克朗，1992 年为 650 万瑞典克朗，1993

年为 670 万瑞典克朗，2000 年单项奖金达到了 900 万瑞典克朗（当时约折合 100 万美元）。从 2001 年到 2011 年，单项奖金均为 1000 万瑞典克朗（在 2011 年，折合约 145 万美元）。金质奖章约重 270 克，内含黄金，奖章直径约为 6.5 厘米，正面是诺贝尔的浮雕像。不同奖项，奖章的背面图案不同，每份获奖证书的设计和词句都不一样。颁奖仪式隆重而简朴，每年出席的人数限于 1500 人到 1800 人；男士必须穿燕尾服或民族服装，女士要穿庄重的晚礼服；仪式中所用的白花和黄花必须从意大利小镇圣莫雷（诺贝尔逝世的地方）空运而来。

YING XIANG SHI JIE JIN CHENG DE KE XUE JIA

> 诺贝尔奖与中国

中国籍得主：2012年诺贝尔文学奖授予了中国作家莫言。莫言成为有史以来首位获得诺贝尔文学奖的中国籍作家。

诺贝尔奖华人得主：

①李政道：1926年生于上海，祖籍江苏苏州，美籍华人（获奖时为中国国籍）。1957年获诺贝尔物理奖，时年31岁。

②杨振宁：1922年生于安徽合肥，美籍华人（获奖时为中国国籍）。1957年获得诺贝尔物理学奖，时年35岁。

③丁肇中：1936年生于美国，祖籍山东省，美籍华人。丁肇中和伯顿·里克特由于1974年发现了 J/ψ 粒子而同时获得1976年诺贝尔物理学奖，时年40岁。

④李远哲：1936年生于台湾，美籍华人（现已放弃美国国籍，回到台湾）。1986年以分子水平化学反应动力学的研究与赫施巴赫及约翰·波兰伊共获诺贝尔化学奖，时年50岁。

⑤朱棣文：1948年生于美国，祖籍江苏苏州太仓，美籍华人。1997年因"发展了用镭射冷却和捕获原子的方法"获得诺贝尔物理学奖，时年49岁，现任美国能源部部长。

⑥崔琦：1939年生于河南平顶山，美籍

华人。1998 年，崔琦和哥伦比亚大学的霍斯特·路德维希·施特默及斯坦福大学的劳克林三人因"他们发现了电子量子流体现象，一种新形态的量子流体，其中有带分数电荷的激发态"而获得当年诺贝尔物理学奖，时年 59 岁。

⑦高行健：1948 年生于江西，祖籍江苏泰州。1950 年，高行健全家搬到了南京。2000 年因为作品《灵山》获诺贝尔文学奖。他成为第一位获得诺贝尔文学奖的华人作家，获奖的同年加入法国国籍，时年 52 岁。

⑧钱永健：1952 年出生于美国，祖籍浙江杭州。日裔美国科学家下村修、美国科学家马丁·查尔菲以及美国华裔科学家钱永健因为发现绿色荧光蛋白方面作出突出成就分享 2008 年诺贝尔化学奖。他是中国导弹之父钱学森的堂侄，美国华裔化学家。

⑨高锟：1933 年出生于中国上海金山区，英美双国籍，曾任香港中文大学校长。2009 年因在"有关光在纤维中的传输以用于光学通信方面"取得了突破性成就，与发明了半导体成像器件——电荷耦合器件（CCD）图像传感器的韦拉德·博伊尔和乔治·史密斯共同获得 2009 年诺贝尔物理学奖，时年 75 岁。

YING XIANG SHI JIE JIN CHENG DE KE XUE JIA

• 诺奖之最

最郁闷：等了55年

1911年，劳斯就公布了肿瘤是由病毒引起的伟大发现，但是一直没有引起诺贝尔奖委员会关注，结果劳斯等了55年直到85岁才获奖。

最年轻：25岁获奖

到目前为止，最年轻的诺贝尔获奖者是英国人劳伦斯·布拉格。1915年，他以对X射线晶体结构的研究而获得物理学奖，获奖时只有25岁，而且他当年是和自己的父亲一起分享了这一奖项。

最年长：88岁圆梦

迄今，年龄最大的诺贝尔获奖者是美国人雷蒙德·戴维斯，他由于在"探测宇宙中微子"等领域的开创性工作而获得2002年物理学奖，当年他88岁。戴维斯已于2006年去世。

最集中：居里家族

居里夫人和丈夫曾经获得诺贝尔奖，后来居里夫人又再次获奖，而20多年后，他们的长女也和丈夫约里奥一起发现人工放射性物质共同获得诺贝尔化学奖，继承了居里夫妇的科学事业。

居里夫妇及女儿

118

玻尔国际金质奖章 〉

玻尔国际金质奖章由丹麦工程学会于1955年设立。这一奖章每三年颁发一次，用于奖励在和平利用原子能方面作出突出贡献的工程师和物理学家。从广义上讲，和平利用原子能是现代原子物理学所取得成就的一种标志。

玻尔国际金质奖章在丹麦物理学家尼尔斯·玻尔70岁之时设立，并以他的姓氏命名，是为了纪念他对原子物理学领域的杰出贡献。玻尔1885年生于哥本哈根，1941年在哥本哈根大学毕业，获博士学位。1961年任哥本哈根大学理论物理学教授，1962年起担任哥本哈根大学理论物理研究所所长。曾任丹麦皇家科学院院长和原子能委员会主席。他还是英国皇家学会会员、法国科学院院士以及欧洲许多学术团体成员。玻尔是量子力学创始人之一，哥本哈根学派领袖。科学活动主要在发展原子、分子和原子的量子理论方面。他把经典力学

尼尔斯·玻尔

和量子理论结合起来，从而引起原子理论的革命，对量子力学的建立起了重要作用，因而于1922年获诺贝尔物理学奖。他还获第一次原子能和平利用奖金，丹麦科学院金质奖章等。他的主要著作包括1922年出版《光谱与原子结构理论》、1934年出版的《原子理论与自然界描述》、1955年出版的《知识统一性》等。

玻尔国际金质奖章对获奖人的国

119

费因曼

菲尔兹奖 >

菲尔兹奖是一个在国际数学联盟的国际数学家大会上颁发的奖项。它每四年颁奖一次，颁给2至4名有卓越贡献的年轻数学家。得奖者须在该年元旦前未满40岁。菲尔兹奖是以已故的加拿大数学家约翰·查尔斯·菲尔兹命名的，从1936年起开始颁发，随后成为最著名的世界性数学奖。由于诺贝尔奖没有数学奖，因此也有人将菲尔兹奖誉为数学界的"诺贝尔奖"。

菲尔兹奖是一枚金质奖章和1500美元的奖金。奖章由加拿大雕塑家罗伯特·泰特·麦肯齐设计。奖章的正面是阿基米德的浮雕头像，并刻有大写希腊字母：ΑΡΧΙΜΗΔΟΥΣ，意为阿基米德的（头像）；设计者的花押字RTM，MCMXXXIII（雕刻家的缩写，1933，第

籍、居住地、年龄等不作任何限制，全世界在和平利用原子能方面作出成绩的学者都有资格获奖。玻尔国际金奖的获奖者中许多都是世界著名科学家、诺贝尔奖金的获得者。如1961年玻尔国际金奖获得者匈牙利化学家赫维西，是研究同位素示踪技术的先驱，1943年曾获诺贝尔化学奖；再如1967年获奖的美国物理学家拉比，发明了分子束磁共振法，对测定原子核的磁性，研究分子和原子的精细结构和超精细结构作出了重大贡献，因而于1944年获诺贝尔物理学奖；还有1973年获奖的美国物理学家费因曼因对电子电动力学作出巨大贡献，曾于1965年获得过诺贝尔物理学奖。

菲尔兹奖

三个M字以N代替），和拉丁文TRANSIRE SUUM PECTUS MUNDOQUE POTIRI，意为：超越人的精神，做宇宙的主人。出自罗马诗人马尔库斯·马尼利乌斯的著作《天文学》卷四第392行。奖章背面刻有拉丁文"CONGREGATI EX TOTO ORBE MATHEMATICI OB SCRIPTA INSIGNIA TRIBUERE"，意为"聚集自全球的数学家，为了杰出工作颁发（奖项）"。背景为阿基米德的球体嵌进圆柱体内。

阿基米德雕像

121

• 菲尔兹奖与诺贝尔奖

同财大气粗的诺贝尔奖相比，菲尔兹奖显得未免有些寒酸。不过，菲尔兹奖与诺贝尔奖的差别绝不仅在于奖金多少。数学界中有一个流传颇广的传言，说是诺贝尔与当时瑞典著名数学家米塔格·莱夫勒因为争夺某一女子而失和，为防止莱夫勒获取自己设立的奖项，诺贝尔故意将被誉为"科学的皇后"的数学排斥于诺贝尔奖之外。据说，与莱夫勒保有"持久的友谊"的菲尔兹设立"菲尔兹奖"的一部分意图就是为好友伸张正义，为数学家设立一个与诺贝尔奖对立的奖。

关于菲尔兹奖和诺贝尔奖的另一个有趣的地方是在年龄方面。虽然纳什绝对是24届国际数学家大会最引人注目的人物，但作为数学家，他从未获过菲尔兹奖。从1936年设立之日起，菲尔兹奖对于获奖者的要求中就有一条不成文的规定：所有得主年龄不超过40岁。而尽管诺贝尔奖评审委员会对年龄从未作过规定，迄今为止却没有一位诺贝尔经济学奖的得主年龄在40岁以下。因此，数学界又流传着另一种说法：你是一个很想获大奖的年轻数学家吗？如果到了40岁还没有拿到菲尔兹奖，不如转行学经济学，争取拿诺贝尔奖吧！

南极考察站

极地奖章 >

极地奖章是一项英国皇家奖，由英国国王爱德华七世于1909年设立。这项奖起源于1857年维多利亚女王设立的北极发现者奖。极地奖章最初是用来奖励专业探险队集体功绩的，1968年王室将这一奖章改为授予对两极地区考察作出突出贡献的个人。获奖者都是在两极地区探险、考察和研究工作中获得杰出成就，在两极地区险恶的陆地、海洋、大气等环境中历尽艰难困苦的探险者。只有由英联邦国家一个或多个政府组织的探险队的队员才有获奖资格。极地奖章是银质的，呈八角形，正面是英国国王的雕像，背面是发现号桅船雕像。

123

YING XIANG SHI JIE JIN CHENG DE KE XUE JIA

科普利奖章 >

科普利奖章这是英国皇家学会颁发的最古老的科学奖之一。科普利奖是科学成就的最高荣誉奖、世界上历史最悠久的科学奖项。1731年以皇家学会的高级会员戈弗里·科普利爵士的遗赠设立。每年颁发一次，为一枚镀金银质奖章和100英镑奖金（这在当时是相当大数额的一笔奖金），授予专为申请此奖而进行的自然哲学研究成果。获奖成果都需发表过，或向皇家学会通报过。获奖项目需经皇家学会理事会评定，所以现职理事会成员不得获奖，以防止不公正。

在1736年，有建议设一奖项给予在实验研究被认可的科学家。而在同年决定颁发一个5英镑的奖牌于在科学上有重大发现或经由实验而有重大贡献的科学家。在1831年，获奖的条件再度被修改，使这个奖可以颁予一些受皇家学会的奖项委员会认为最值得嘉许的研究者。

在1881年，约瑟·盖利捐出1666英镑使基金加大，因而以基金每年的利息50英镑来作为科普利奖章的经费。

至于现在，科普利奖章每年颁发一次，给在科学研究上（不论何种学科）有杰出成就的人士，而科普利奖章会轮流

124

颁予物理科学及生物科学的研究者。得奖者将获颁发一面银制奖牌及奖金2500英镑。而得奖者的研究是没有时间限制，并且也没有获奖次数的限制。

科普利奖章只授予在世学者，不作追赠。对获奖者没有国籍、种族的限制，对获奖项目完成的时间也没有限制，同一学者可以因不同成果而多次获奖。1957年起，约翰·贾非奖的100英镑奖金随同科普利奖章一起颁发，即奖金为1100英镑，但如果获奖者是诺贝尔奖获得者，则只能授予100英镑的科普利奖金。

美国国家科学奖 〉

美国国家科学奖，也称美国全国科学奖。由美国国会于1959年创立，该奖为美国级别最高的科学工程领域奖项，1962年首次颁发。全国科学奖以获奖者在物理、化学、生物、数学、工程学、行为科学或社会科学等领域所取得的贡献和影响为衡量标准。奖章由美国总统在白宫椭圆形办公室亲自颁发，每年颁发一次，获奖者每次不超过20名。此奖也号称"美国的诺贝尔奖"。

华裔科学家丘成桐1997年就获得了这一奖项，华裔科学家杨振宁也曾获得此奖项。

美国国家科学奖奖章

125

帕内蒂奖 >

德国物理学家普朗克帕内蒂奖是目前国际声望最高的力学奖，人们一般将此誉为力学中的诺贝尔奖。这项奖由意大利都灵科学院设立，主要是为了纪念意大利著名的空气动力学家莫德斯托·帕内蒂。

该奖每两三年颁发一次，重点奖励近10年间在应用力学领域中的杰出研究成果。获奖候选者须由都灵科学院院士或意大利及外国科学团体的主席推荐，但都灵科学院院士不参加评奖候选人之列。帕内蒂奖包括一枚金质奖章（普朗克奖章）和100—300万里拉的奖金。

搞笑诺贝尔奖 >

搞笑诺贝尔奖是对诺贝尔奖的有趣模仿。其名称来自Ignoble（不光彩的）和Nobel Prize（诺贝尔奖）的结合。主办方为科学幽默杂志（Annals of Improbable Research, AIR），评委中有些是真正的诺贝尔奖得主。其目的是选出那些"乍看之下令人发笑，之后发人深省"的研究。颁奖仪式每年10月，在诺贝尔奖颁奖前一至两周举行，地点为哈佛大学的桑德斯剧场。

"搞笑"诺贝尔奖由美国人马克·亚伯拉罕创办，此人创办了一份名为《不可能的研究纪录》的科学幽默杂志。从1991

年开始，每年颁奖一次。入选"搞笑"诺贝尔奖的科学成果必须不同寻常，能激发人们对科学、医学和技术的兴趣。与其他学术奖不同，搞笑诺贝尔奖得主不会拿到任何奖金，得不到各方赞誉，更不可能使科学出现革命性进步，但是所有获奖的研究都曾在著名学术杂志上发表。

搞笑诺贝尔奖按照传统，观众会在颁奖典礼上向讲台抛纸飞机。自创办以来，典礼结束后现场都由哈佛大学的物理学家罗伊·格劳伯负责打扫。尽管罗伊·格劳伯2005年获得真正的诺贝尔物理学奖，可他仍然坚守职责。

为了与正式的诺贝尔奖"分庭抗礼"，搞笑获奖者自费到场领奖，奖品是由廉价材料制成的手工艺品，4个星期内就会"土崩瓦解"，但颁奖者都是货真价实的往届诺贝尔奖获奖者。

搞笑诺贝尔奖每年一次，其奖项既包括生物、医学、物理、和平、经济、文学等固定奖项，也包括公共卫生、考古、营养学等随机奖项。"搞笑诺贝尔奖"的获奖者是由《不太可能的研究之实录》的编辑们、科学家们（其中还包括几位诺贝尔奖获得者）、记者们和来自多个国家的各个领域的精英们组成的管理委员会选出的。

图书在版编目（CIP）数据

影响世界进程的科学家/杨莹编著.—长春：北
方妇女儿童出版社，2015.7（2021.3重印）
（科学奥妙无穷）
ISBN 978-7-5385-9349-5

Ⅰ.①影…　Ⅱ.①杨…　Ⅲ.①科学家—生平事迹—世
界—青少年读物　Ⅳ.①K816.1-49

中国版本图书馆CIP数据核字（2015）第146838号

影响世界进程的科学家

YINGXIANGSHIJIEJINCHENGDEKEXUEJIA

出 版 人	刘　刚	
责任编辑	王天明　鲁　娜	
开　　本	700mm×1000mm　1/16	
印　　张	8	
字　　数	160 千字	
版　　次	2016 年 4 月第 1 版	
印　　次	2021 年 3 月第 3 次印刷	
印　　刷	汇昌印刷（天津）有限公司	
出　　版	北方妇女儿童出版社	
发　　行	北方妇女儿童出版社	
地　　址	长春市人民大街 5788 号	
电　　话	总编办：0431－81629600	

定　　价：29.80 元